ファンタジーを読む

井辻朱美

『指輪物語』、『ハリー・ポッター』、そしてネオ・ファンタジーへ

青土社

ファンタジーを読む　『指輪物語』、『ハリー・ポッター』、そしてネオ・ファンタジーへ

はじめに

ふりかえると、世紀をまたいで、ファンタジー文学というものに大きな転機が訪れた。それはわたし自身のファンタジー観の大きな転換をせまられたということでもある。

それまでのファンタジーの典型とは、トールキンやル＝グウィンのような作家が詳細な世界観を脳内に創り上げ、それを大部の小説にして物語る、というものだった。

現実と並行して存在する第二世界、現実から血脈で栄養を注がれてはいるものの、まったく別の世界を設定して、世界創造者の孤高の立ち位置を味わうものだ。

ところが世紀末にかけて二つのターニングポイントが訪れる。ひとつは、「ハリー・ポッター」シリーズの登場と破格の売れ行きであり、もうひとつは二十一世紀とともに始まった、かつての名作ファンタジー（『ナルニア国ものがたり』『指輪物語』など）の大胆な実写映像化のラッシュである。

この二つの事件によって、それまでいくらか日陰の存在であったファンタジーは、市場の表舞台に躍り出て、一般の読者、観客の視野に入ってきた。さらにマーケティングの観点からも有望株とみなされ、架空の世界の架空の歴史は、従来の史劇映画と並ぶ重要性を持って取り扱われるようになった（併走するゲームの躍進も見逃すことはできない）。映像テクノロジーの進歩が、現実と想像の境をなだらかにし、妖魔や怪物もまことしやかにその存在感を主張したことも、多くの世代にアピールした。

いっきょにファンタジーは市民権を獲得するとともに――どこか、ある分水嶺を超えてしまった。

たとえば映画『ロード・オブ・ザ・リング』で目立ったのは戦闘シーンの迫真性をたたえる大人の観客であり、加えて俳優たちのリアルな演技、CGで表現されたゴラムの生物らしさ、巨大な天変地異のスペクタクル、そうしたものが人目を惹き付け、「ファンタジーは子どもだましのちゃちな空想ではない」ことが前面に押し出された。

現実らしさを創造する映像技術は、想像力の質を一気に変えたのである。

この「現実らしさ」（リアリティ）への強い傾きは、ファンタジーを現実世界に引き寄せるとともに、その実、もっと大きなものを変質させてゆく。

現実と想像の接近については、ひとつめのターニングポイントたる「ハリー・ポッター」シリーズがすでにそれを準備していたとも言える。主人公の住む英国の「現実世界」は、ホグワーツ魔法魔術学校を擁する「想像世界」となにくわぬ顔で接合している。このシリーズの魅力は、「お隣にある別世界」であり、別世界はもはや渺茫たる詩情や夢のかなたに垣間見えるものではなくなっていた。

この二つのポイントに遭遇したわたしは、いったい何が起こっているのか、必死に考えようとしていた。本書の最初のほうの論考は、二十世紀内の幻想文学論や知見を手がかりに、新たな「ファンタジー」についてゆこうと懸命に追いすがるものであったように思われる。

ファンタジーの隆盛は嬉しい。しかし、それまでファンタジーの「ひそかな選ばれた愛好者」だったような人々ではない、まったく新しい読者と市場が、今やそれを受けとめていた。いったい何が変化しているのか。

何よりも大きく視野に入ってきたのは、映像テクノロジーの進歩だった。当時のアニメはまだ二次元的であり、書物の半歩先くらいに思われたが、CGを駆使した「実写」映像は、もはや「別世界」と「現実」の垣根を取り払ってしまった。個人の想像力の中にのみあったものが、現実と同じ存在感と重みを持ち、しかも集合意識中のアイコンとして共有された。

学生たちの「ファンタジー」に対する向き合いかたも、数年でまたたく間に変わっていた。現実にはありえないとされていたファンタジー・ジャンルは、映画館の観客の頭の中で、「現実にありえる」ものになり、「わたしはファンタジーが好きなんです」と、アイデンティティを賭けた必死な目で語る学生は減り、「なんでもワクワクすれば、面白ければ、キャラクターがユニークなら好きです」という、いわば「現実かどうか」の線引きのない「フィクション一般」の中に、ファンタジーも組み込まれていった。

これは歓迎すべきことかもしれなかった。リアルなドラゴンに乗って飛ぶ主人公を観てしまったら、それは脳内で現実のニュース映像と等価になる。フェイクではなく、自然の中に「在る」ものになる。

しかし、ひとつ危惧すべきことがあった。それはファンタジーというジャンルが持っていた「夢幻感」「この世ならぬ届き得ぬ世界」への憧れと同時に隔絶感である。これをC・S・ルイスは「喜び（Joy）」と呼び、トールキンもまた神話や伝承の持つオーラを捨てがたいものと考えていた。

身も蓋もない実写映像は、これでもか、とその「現実らしさ」をわたしたちの意識の中に刻印するとともに、別世界の儚さ、現実との異質感を奪った。

そしてその結果、同時にもうひとつの、もっと大きなことが生じていった。ファンタジーの持つありえなさ感の消失とともに、「現実感」そのものが消失（少なくとも変質）していったのである。

本書の中にも記したが、ファンタジー（幻想文学）とは従来「現実とあいいれない」「現実の物理法則では不可能な」ものごとを描くものとして、定義されてきた。つまり確固たる「現実」の存在そのものが、逆にファンタジーの夢幻感を担保していたのである。

ところが、魔法世界と現実の英国が合体した「ハリー・ポッター」シリーズの世界では、作中に取り込まれた「現実」そのものが、すでに、物語の外なる「現実」の模写ではない。それは物語内現実という、ハイブリッドな創造物となった。

映像化されたこの「シリーズ」では、空中サッカーたるクィディッチ・ゲームは元より、幽霊や怪物との同居、勝手に備品や家具が動きまわる校内のたたずまいが、「在る」と堂々と呈示される。「在る」とはすなわち、「在る」「ほんとうらしい」と思えることである。

そして同時進行していった、旧時代の「ありえなさが魅力であった」ファンタジー作品の実写化も、これに輪をかけ、「どんなものも在る」という観念を強調していった。

「現実」そのものは、もはや「幻想」の対抗馬であるどころか、「幻想にのっとられた現実」がすべてとなり、たったひとつの現実のかわりに、無数の「パラレルワールド（可能世界）」が生じてきたのである。

ファンタジーの現実化と、現実のファンタジー化。

二章、三章は、この映像への傾きと現実との関わりをあらわすウロボロスの蛇が、想像力をどれほど揺すぶってきたかを、「物語」と「映像」のお互いへのすり寄り、拮抗、あるいは背負い投げの観点から眺めてみたものだ。

そう、映像テクノロジーによる「現実感そのものの変質、あるいは消失」。これはほんとうに世紀をまたいで、ファンタジー文学を見守ってきたものにとっては、驚くべき着地点である。それはファンタジー文学があらたな階梯を上ったことを示すとともに、ファンタジーが従来持っていた異界性のDNAが組み込まれることで、現実そのものが組成変化を起こし、軽くなり、すべては「思いや気配の世界」に一元化してしまったようにすら思われる。それが特に二〇一〇年以降からの作品について、わたしが得た感触である。

もっとも新しいこのあたりのリアルタイムな変化については、十二章の「開花するファンタジー」にまとめてみた。白百合女子大学の文学部児童文化学科児童文学文化専攻が毎年まとめている年鑑『開花宣言』に書いたものの集成であるが、学生の反応に対する驚きや、フェイクの問題、ご当地ヒーロー、聖地巡礼などについてその渦中で驚きつつレポートしており、改めて読み直すと、いつのまにか自分は「ファンタジーを読む人」から「ファンタジーを生きる人」になってしまったなあ、という感慨に打たれる。

世紀をまたいだファンタジー文学の転回について、この一冊で何かを感じ取っていただければ幸いである。

目次

I

ファンタジーからネオ・ファンタジーへ

第1章　対・現実から脱・現実へ
――ネオ・ファンタジーの流れ

もはや「対・現実」スタンスではなくなったファンタジー

今日は、児童文学を中心としましたネオ・ファンタジーの流れということでお話をしたいと思います。少し固い「対・現実から脱・現実へ」のタイトルについてですが、最初にこれを思いついたのは、ここ一、二年の学生の卒論やゼミ発表などに接していて、だれも「ファンタジーをやりたい」と言ってこないことからでした。しかし、どんな作品をやりたいのか、ときくと、あげる書名がほとんどファンタジー仕立てのものばかり。「それ、ファンタジーですよね」と言うと、「あ、そうですね」と言ったぐあいで、ファンタジーを取り立てて特別なものと認識していません。

『ハリー・ポッター』シリーズの映画化が始まったころは、「ファンタジー文学」というジャンルが大人にも認知されて、ファンタジーについて研究したい、という気運が高まっていたのですが、七巻の発売後には、ブームも沈静化と言われて、とりたてて「ファンタジーは」という論調がきかれなくなった。わたしは、かなりとまどい、せっかく我が世の春と思っていたのに、ファンタジーはどこへ行ってしまったのか、ときょろきょろ見回していたのですが、どうやら一般的な文学の各ジャンルに浸透、沈潜していったらしく、現にティーンのよく読むライトノベルでは、ほとんどがファンタジー、SF、オカルト系の不思議設定のものばかりです。

ライトノベルだけではなく、ミステリや恋愛小説もよく見ると、ファンタジー仕掛けのものが多くなり、たとえば恋愛小説ジャンルではパラノーマル・ロマンスといって、狼男だの吸血鬼だの魔法使いだのを相手にした、現代女性の現代社会における恋愛が描かれています。『トワイライト』(S・メイヤー)とかですね。もはや「対・現実」スタンスとしてのファンタジーではない。

それで、ファンタジーがこうなってゆく流れを見直してみながら、ファンタジーについて改めて考えてみよう、というのが現在のわたしの問題意識です。

巻末の年表を見ていただきたいのですが、いわゆるネオ・ファンタジーとは『ハリー・ポッター』第一巻あたりから後の作品群、大まかには、一九九〇年ごろからのものをさすもので、そこにいたるまでのモダン・ファンタジーの歴史を見てゆきます。

年表で三つターニングポイントの作品をあげてあります。第一がJ・R・R・トールキン『指輪物語』（および同時期の『ナルニア国ものがたり』）、第二がミヒャエル・エンデの『はてしない物語』、第三が『ハリー・ポッターと賢者の石』ですね。トールキンからエンデまでを第一期、エンデからローリングまでを第二期、そしてそのあと第三期を「ネオ・ファンタジー」というふうにわたしは考えています。

トールキンがモダン・ファンタジーの開祖であるということにはあまり異論はないと思いますが、何が新しかったのかというと、従来のファンタジーは現実世界からどこかへ行って帰ってきたり、あるいは現実の生活の中で何かを垣間見たりする、というぐあいに、別世界を立てながらも、現実を外せなかった。ところが、トールキンは、現実とはかかわりなしに、まったく新しいミドルアースという世界を創造してしまい、そこで物語を展開させました。現実を揺らしたり、ちょっと疑わせたりする、というのがそれまでのファンタジーや幻想文学のツボだったわけですが、トールキンは現実とはかかわりなく、第二現実を作ってしまうという点で、ゲームの元祖ともなりました。なにしろ設定マニアでしたので、神話、系図、地誌、種族、歴史、伝説、地図、動植物、紋章とありとあらゆるものを創ってしまった。同時期のSFとどこが違うかというと、SFのほうは疑似科学的な装いをまとい、「（将来）あるかもしれない」という一縷の現実との絆を保っていたのですが、トールキンのやったことは、もはや「ゼロから創ってしまえばよい」というスタンスです。

虚構の自立とゲームの始まり

年表の下のところに図式的にまとめてありますが、第一期はトールキンとその追随者が「現実とは別の非日常」を堂々と立てたことで、〈虚構の自立〉期ではないかと思われます。自立ということに関してさらにいえば、トールキンは片手間に遊びとして第二世界をこしらえたのではなく、一八歳ごろから一生かけて、それをリファインしてゆき、その世界にみずから住んでいたとも言えます。奥さんのお墓に、自分の創作した、エルフの娘と人間の英雄の伝説の恋物語のヒロインの名前であるルシエンと彫り込み、自分の墓にはベレンと彫ってくれと遺言し、その通りになっています。まあ、そういうダブル現実的な生き方が出てきた、ということでも興味深いですね。

さて、『指輪物語』の成果を見て、もともと別世界創造に近いことをやっていたSF作家たちが刺激を受け、このジャンルに流入してきます。ジャンルということで言いますと、当時「ファンタジー」というジャンル名はありませんでした。ですので、トールキンの本が最初に出たときには、大人も読めるということで「アダルト・ファンタジー」と銘打たれていたのですが、このジャンルに流れこんできたSF作家の中で、たぶん一番大きな成果をあげたのが、『ゲド戦記』のU・K・ル＝グウィンではないでしょうか。

トールキンがファンタジー〈当時はこのジャンル名がなかったので、「フェアリー・ストーリー」と当人は称していました〉の表現技術として主張したこととは、リアリティの首尾一貫性〈inner consistency of reality〉です。現実と同じように緊密な生活感、身体感がつづられるだけでなく、地理や社会の仕組み含めて、いわば臨場感の高さということですね。ル＝グウィンはこのあたりをひじょうにうまく継承しました。

ただトールキン自身はもうひとつ、神話や叙事詩といった、リアリティの希薄な口承文芸の壮大さ、神秘性にも深くコミットしていました。こちらはいわば旧ファンタジーからひきついだ遺産だったわけですが、彼以降、ネオ・ファンタジーに向かう流れの中では、こちらはむしろ薄れて、現実感の強調、ディテールの整備といった「小説的」な面のほうが強くなっていきます。

そして、第二期を開いたのは、特に日本でのブームを見れば、エンデであると思われますが、この時期は〈別世界の現実への織り込み〉とまとめられます。別世界を、人間の無意識の世界というかたちで、現実にゆるく再接続したわけです。夢の世界、願望や妄想が形をとる世界ですね。そうなると、心理学者や精神分析学者が俄然、「ファンタジー」に注目し、多くの発言をするようになって、ユング心理学の河合隼雄さんなどがたくさんの論考を書かれています。

エンデはルドルフ・シュタイナー思想の信奉者で、現実と無意識が一枚のコインの両面である、というような発言もしています。それとも関わってもうひとつひろいあげておきたいのは、年表のほうに入れました、「わたしは絵にならないものは書かない」（『闇の考古学』）という彼の発言です。

今ではファンタジーといえば、ヴィジュアルな表現に寄ったものが主流という感じで、特撮を駆使した映画イコールファンタジーのような感もありますが、当時は、これはたいへん新しい視点であった。昔の神話や叙事詩、昔話は「語りもの」で、耳から聞くものだったわけですからね。エンデはお父さんが画家であり、自分も絵を描くことで、絵の原初的なパワーに注目していました。「概念とは殺された絵だ」というようなことも言い、絵すなわちイメージが最初に浮かび、それを自由に展開させ、追ってゆくことによって、ときに因果律的によくわからないストーリーになることも辞さない。読者の数だけ作品はあるとも言っていますが、無意識とは言葉ではなく、むしろ絵やイメージでもってよりよく表現されるものでしょう。

なので、このあたりの作品は、サイコ（心理）・ファンタジーと呼ばれることもあります。

現実の隣に常駐する別世界・〈虚構の環境化〉へ

この視覚志向性が、現代のヴィジュアル全盛につながってゆきます。で、この第二期を〈虚構の可視化〉と名づけてみました。折しも符節をあわせるかのように、一九七六年にヴィデオのＶＨＳのシステムが開発されています。つまり家庭での録画が可能になったわけです。それまではＴＶのアニメや映画は見逃してしまえばおしまい、一期一会のものだったのですが、このころからは留守録ができ、何度でも再生視聴ができるようになります。ここではっきりと、虚構に対する受け手のスタンスが変わった。児童文学者のひこ・田中さんによれば[*1]、録画以前の世代は「宇宙戦艦ヤマト」の世代で、放映が終わるとともに、それを卒業し、新しい成長ステージに入っていった。ところが、それ以降つまり「ガンダム」の世代は、好きな世界をそのまま保持してゆけるようになります。アニメのオタクという存在が生まれてきます。

それは言い換えれば、「可視化」されたファンタジーが、録画ソフトという記録媒体によって、いつでも別世界をその場に再現できるようになり、別世界が仮想のものではなく、常在するものになったということです。しかも書物の場合は、読者それぞれが別の想像世界に住んでいましたが、映像の場合は、多数の人々が共通の世界を持つことができます。したがってその強度と臨場感は、従来とは比べものにならないほどのものになってゆきます。これが二十一世紀のネオ・ファンタジーの世界へ直結してゆくわけです。
しかも、この時期に、もうひとつネオに向けて置かれた布石として、「東京ディズニーランド」が一九八三年に開園しています。スクリーンの中だけではなく、現実的物理世界に常駐する別世界の始まりです。[*2]
開園当時にわたしも行ってみたのですが、ひじょうにとまどった、というか白けた感じがしたのを覚えています。周りにもそういう感じをもてあましている人がいた。それは何かというと、それまでディズニーアニメの美しい夢幻的な世界を、わたしたちはＴＶ放送や映画館で見ていて、それは現実と隔絶しているゆえのせつない魅力でもあったわけです。この世にはない、憧れの幻の世界としての「お城」とか。ところがディズニーランドに行ってみると、お城はそこに新建材でもってでんと建っているし、キャストという人たちが日常的な顔で商売に徹して園内を整備していて、なんか、ひじょうにみんなで示し合わせて「嘘っこ」をしているような作り物感があった。
でもそれから十年くらいたつと、もうそういう作り物感、嘘っこ感はなくなりましたね。現実世界の中でのおさまりどころがようやく見つかった感じでしょうか。そのころ生まれた世代がいまの学生たちで、幼児期から当たり前のようにディズニーランドに出入りしています。不思議な世界は電車にのって行けて、すぐ隣にあるものだ、とそういう認識になっている。この世のものならぬ美なんて思わず、お隣のパラレルな「現実」として地続きに楽しんでいます。もう『ナルニア』のようにアスランの恩寵によってのみ行ける奇跡的世界ではありません。

この世代にとって、別世界はすでに十分実体のあるものであり、パラレルワールドとしてちゃんと存在しており、しかも十何年のあいだに観光客も作り手もすっかりテーマパークという存在のあり方に慣れてしまい、非現実を現実的に下支えする（できる）、という意識が確立したと思います。もちろん「夢の国」なんですが、「生活の場」と隣り合わせであり、共存しており、限りなくボーダーレスです。

第三期としてまとめてありますが、これがいわば〈虚構の環境化〉ですね。

荒唐無稽への回帰・現実の再創造のさらに先へ

第二期はさきほど述べたように、サイコ・ファンタジーすなわち内面世界と別世界をリンクさせたもので、かなり思弁的な作品、ややこしい作品も登場し、読み手を選ぶようになってゆきました。その閉塞感をいっきょに割るように出てきたのが、『ハリー・ポッターと賢者の石』です。さまざまな魔法のアイテム、箒でのクィディッチのゲーム、魔法学校の寮やイベント、そんなものがワクワク感に満ちて書かれています。しかもシリーズ後半はともかく、前半のハリー像は、「内面」「成長」というような、従来のサイコ・ファンタジー的角度からは描かれていません。困難やチャレンジは外から彼に降りかかりますが、幸運や周りのサポート、当人の天才的魔法力でもって、奇跡的に解決します。

もちろんこれはトールキン以来の「リアリティの首尾一貫性」が熟してきた時代の、臨場感をみなぎらせたファンタジー書法の力に支えられているのですが、どうも従来の「人間の成長」タイプの文学とは違ってきた。それは、個人がいて、それを囲いこむ壁のようながっちりした環境・社会があり、個人がそれと戦い、乗り越え、成長する、という世界観が、どこか変わってきたからだという気がするのですね。

あとでもう少しこの話をしたいのですが、〈個人〉と〈世界〉（というか環境）の関係がゆるくなり、一体成型ではなくなってきました。ライトノベルにもセカイ系というタイプがあらわれ、一時はやりましたが、個人が日常でやっていることが、社会を跳び越えて、全世界を救うことにつながっているなど、個人の力、主体性が大きくなってきて、全体に、即・リンクする感じです。そして、それは、おそらくこのＩＴ時代、ヴィジュアル時代との関連が大きいのだと思いますね。

ヴィジュアルの力とは、世界をもうひとつ創り出す力です。

二十一世紀ごろからの年表を見ていただくと、左側に刊行書籍があり、右側に原作ありの映画化作品がのっています。『ハリー・ポッター』シリーズのようにリアルタイムで映画化されてきたものだけでなく、『指輪物語』『ナルニア国ものがたり』などひじょうに古典的な作品もどんどん映画化されてゆく。しかも文字のものだけではなく、『どろろ』や『ゲゲゲの鬼太郎』や『ディック・トレーシー』などのように、原作が漫画であるものも、そして一度アニメ化されているものまでも、実写映画になってゆきます。

おそらく現代ではすべてを実写として、ホンモノとして見たい、創りたい欲求が高まっているのだという気がします。実写であれば、現実の世界と肩を並べることができ、オリジナル現実の輪郭はますますあいまいになり、複数のパラレルワールドが脳内に重なり合う、という状態になるのではないでしょうか。

さらにその先も始まっています。もうひとつ現実を新たに創る、だけではない、その先です。今年になって観た映画『タンタンの冒険』は象徴的でした。この原作は一九三〇年代のベルギーのエルジェの漫画です。ティーンの少年記者が愛犬をつれて植民地のあちこちを駆け巡る設定で、それ自体ファンタジーな設定ですが、この実写化では、もとの漫画の人物に空気を入れてふくらませたようなふしぎなCG映像になっています。これはモーション・キャプチャーという手法で、現実の俳優に演技をさせ、それをCG映像に転写してゆくのです。従って漫画が三次元になったとしか思われない顔や、絶対に生身では耐えられないような恐ろしいカーチェイス（ジェームズ・ボンド・クラスでも生き残れないと思われる）シーンがあり、砂丘などの風景でも、アニメではなく現実なのに、夢のように美しく、現実より密度が高くて綺麗な不思議な世界です。おそらくこれは原作漫画が内包していた、現実というものの「イデア」を、スピルバーグ監督が抽出して描いたのでしょう。

実写映画すらも、もはや「現実」そのままではないのです。トールキン以来、現実に似ているることで市民権を得てきたファンタジー文学が、さらにそれを追い越し、脳内のハイパー現実に達しようとしていると言ったらよいのでしょうか。

もう一本観た『ジョン・カーター』は戦前のE・R・バローズのSF作品『火星のプリンセス』の映画化で、火星の奇怪な四本の手をもつサーク族や異様な生き物、空飛ぶ船などが、なまなましく描かれています。CG技術、VFX技術を駆使して、主人公はありえない跳躍力を見せ、ありえない外見の種族と友誼を結び、もはや原作のクラシックな優雅さ、宮廷社会の寓意やおとぎ話性はかけらもないといった感じです。比喩に近いものもそのまま文字通りのヴィジュアルで見せられる衝撃と言ったらよいのでしょうか。原作の意図を越えてのヴィジョンの暴走というか、これも新たに出現した非・等身大の「世界像」です。

ネオ・ファンタジー時代の特徴・境界の消失

さて、お話を戻しますが、二〇〇〇年前後から始まるネオ・ファンタジー作品にはいくつか顕著な特徴があります。以下箇条書きにまとめますが、すべてを通約するキーワードが「境界の消失」と言えるのではないかと思います。

まず「妖怪、幽霊との共存」です。日本では『しゃばけ』シリーズ（畠中恵）、『妖怪アパートの幽雅な日常』（香月日輪）などがすぐ思い浮かびますし、もちろん『ゲゲゲの鬼太郎』（水木しげる）の実写映画化などもあり、かつては忌まわしい、恐ろしい、遠ざけるべき怖いものだった異界との距離感が変わってきました。妖怪とは特に視覚化表象への流れの上でとらえられるべき存在だと思います。気配や音だけ、あるいは手など部分だけの現象が最初にある。全体が見えない、正体がはっきりしない怖い妖怪が、江戸時代に鳥山石燕が妖怪図を描いて姿が定着するとともに、何だ、こんなものか、と見える範囲に引き寄せられてしまい、怖くなくなった。現代では水木しげるの漫画のおかげで、さらにユーモラスな要素も加わって親密度が高くなっています。

もともとホラーとギャグは親和性が高いものなのですが、『ハリー・ポッター』でも「ほとんど首なしニック」など、冗談のような幽霊がハリーたちと親しく交流しています。怖いものも滑稽にして笑うことで怖くなくなります。

それに続くのが「生死の境界のゆらぎ」です。幽霊との共存もその一部ですが、ゲームでは死んでもリセットすることで新しい人生が始められますし、「お化けは死なない」わけですし、生まれ変わりというテーマも普通に扱われています。「死後の世界」を扱ったファンタジーもいくつか出てきました。ガース・ニクスの『古王国記』のシリーズ、恩田陸さんの『ネクロポリス』などですね。

次が「生物と無生物の境界消失」です。コンピュータや人工知能の存在によって、有機的生命と無機的な機械、モノとの間の厳然たる一線が消えてしまった。特に日本には「つくも神」という現象があり、上述の畠中さんも「つくも神」ものを書いていますが、ものに何かが乗り移るのではなく、もの自体が生命化するのです。ケータイがつくも神化する「ケータイ刑事」というTVドラマ・シリーズ（二〇〇二年よりTBS系列）もありました。『ハリー・ポッター』シリーズの魅力のひとつは、ホグワーツ魔法魔術学校ではさまざまのものがつくも神化して動いていることです。にゅうっとのびて回転する階段、ものを言う肖像画、組み分け帽子、噛みついてくる怪物的な本、新聞の写真も動きますし、吼えメールは大声を出します。

テクノロジーがこれらのモノを現実に動かすことができるようになったこともありますが、やはりこうしたエピソードによって、人類が昔から持っていたアニミズム的な、世界との一体感が復活させられて、わたしたちはワクワクするのではないでしょうか。

ファンタジー感染と、土俗ファンタジーの特権の消失

それから「文芸の他ジャンルへのファンタジー感染」があります。冒頭のほうでもお話ししたが、恋愛小説のジャンルにおけるパラノーマル・ロマンスや、ミステリにおけるさまざまな非現実的な設定ですね。たとえば異星人が探偵役（石持浅海『温かな手』）、被害者が幽霊になって犯人を捜すもの（越谷オサム『ボーナス・トラック』）とか、探偵役が超常能力の持ち主（天祢涼『キョウカンカク』）とかいろいろなミステリの設定がありますが、もはやだれもそれをアンフェアとは言わない気がします。ＹＡ小説やライトノベルでも陰陽道や密教、神道系の超能力設定は当たり前ですし、一般文学の『１Ｑ84』（村上春樹）のパラレルワールドもことさら「幻想文学」とは言われません。ファンタジーはすでに成分として、さまざまなものに浸透しはじめ、ファンタジーという固有ジャンル内のものではなくなってしまいました。

そして非日常系の専売特許だった「パラレルワールド」という考え方も当たり前のように浸透してきました。これはまったくわたしたちの生活がそうなってしまったからとしかいいようがありません。ＴＶをつけて別の世界をのぞき、チャンネルを変えて映画を見たり、地球の裏

側のルポを見たり、深海のドキュメンタリーを見たりと、一日の内でもさまざまの世界を平然と体験している、またネットでいろいろなサイトをサーフィンして歩く、この体験がベースにあるわけですね。もちろんゲームの存在も大きいです。ゲームの中で他の人物になって冒険を楽しみ、それをいったんセーブしておいて、現実に帰ってきてごはんを食べたりしているわけです。自然に多重現実を生きています。

ファンタジーの後方支援者かつ前方牽引車はテクノロジーなのだ、とつくづくそう思います。最後に、それとも関連して顕著なのは「場所感・風土感の喪失」です。地球上のあちこちに秘境があり、移動も大変であった時代には、ある風土のもっている神話伝説体系からファンタジーをたちあげるというような作りのファンタジー（わたしはこれをご当地ファンタジーまたは土俗ファンタジーと呼んでいます）が主流でした。第一期後半、ケルト系のファンタジーにはこのテイストのものが多くありました。七〇年代のS・クーパーの「闇の戦い」シリーズ、A・ガーナーの『ブリジンガメンの魔法の宝石』を含む四部作などです。主人公がある（辺境の）土地にゆくと、その土地の古い力が発動して、不思議な事件が再現されたり、過去がよみがえったりする。土地固有の伝説や神話などがそのよりどころであり、それを保有する「場所」の確実さが、ファンタジーのリアリティを担保していました。

ところがインターネットや情報網が発達しますと、世界じゅうどこに住んでいても同じようにモノや情報が手に入り、グローバル化というか均質化してきます。映像でその土地を知ることもできますし、さまざまな資料もネット上で読めるし、おみやげまで通販で買えます。そうなると、その土地にセットされていた物語が必ずしも、その下部構造を必要としなくなる。

そうなると、身体をもってそこに行く、という五感の体験が抜け落ち、ファンタジーの作り方としては「神話・伝説のデータベース化と自由なアレンジ、コラージュ」ということになってゆくわけです。この好例がアメリカの作家リック・リオーダンによる『パーシー・ジャクソンとオリュンポスの神々』シリーズです。これをご紹介しますね。

土地から引き抜かれた神話・キャラクターの単品化

『パーシー・ジャクソン』のシリーズは、ギリシア神話を臓器移植のごとく、アメリカの風土に移植してしまったものです。神々はすでにギリシアを離れ、ニューヨークのエンパイア・ステート・ビルディングの六百階に移りすみ、そこを新たなオリュンポスとし、世界史を裏から操っています。そして主人公の少年パーシーは海神ポセイドンと人間の女性のあいだのハーフです。

ギリシア神話の神々はアメリカに来てもやっぱり好色なわけで、人間とのあいだに、男神も女神もたくさんの子どもを作っています。そういう子どもたちは難読症など少し人間社会に不適応な面を持っているのですが、神のパワーも持っている。そうしたハーフの子どもたちを集めた訓練所に、パーシーも連れていかれて、そこで能力を磨くということになります。ハリー・ポッターの場合と同じように、このパーシーと、アテナ女神の娘アナベス、そしてパーンとのハーフのグローバーの三人組が、大神ゼウスの奪われた雷電を探しにゆく、という冒険譚が第一巻です。

この物語のあっけらかんとしたところは、本来神話とは気候や風土に根づいた、そこから切り離せないものであったのに、そのキャラクター部分をデータベースとして剥がしとり、この神さまは何属性で、何を得意とし、持ち物は何、みたいなゲームの設定ばりに使ってしまったことです。エーゲ海でないところにいる、スーツ姿のゼウスやハデスですよ。最初、ちょっと抵抗感がありました。しかし、キャラクターをこのように属していた世界から剥がしとって単品で動かしてしまう、というやり方は、案外ネオ・ファンタジーによく見られる世界観です。「わたし」はもはや生まれた土地や社会に縛られない、それとセットになっていなくてもいい単品の「わたし」となります。これは従来の自然主義文学にはなかったキャラクター観であり、だからこそ、パラレルワールドを主人公が自由に往還するというストーリー展開にもなってゆきます。

さきほど、『ハリー・ポッター』では成長というテーマがさほど絶対的なものではなくなった、という話をしましたが、そこでも述べたように、現代では「わたし」は「生まれた環境・社会の制約」と無理に戦わなくてもいいのです。「わたし」の活躍できる、別の世界へ出てゆけばよいのですから。

そして、「わたし」と環境が一体成型ではなくなる、ということは、新たな組み合わせやペーストができる、ということでもあります。これがあとで述べる、「聖地巡礼」という行為にもなってゆくのですけれども……。

「わたし」が環境と切れていて、それを自由に選べるということは、食やしきたりと結びついていた身体性も従来の意味を失ってしまうということになりますね。もっともゲーム的なファンタジーで、『ハリー・ポッター』に先行して書かれた小野不由美の『十二国記』ではこの「「わたし」の環境への自由なコピー・ペースト」が徹底しています。

「十二国世界」は地図からして幾何学的であり、たくさんのゲーム的な規則がおかれています。結婚はあるのですが、子どもは動物もふくめて木に実る、王は麒麟という幻獣が選ぶ、そして王になったら不老不死になる、王の側近一同も仙人の籍にはいって不老不死になる、よその国に攻め入ったら天帝の裁きが下り、麒麟が病んで王が死ぬ、云々です。生殖もない、寿命は戸籍制度化されている、いったい、これは何なんだ（笑）という世界なのですが、日本から移行した主人公たちは、ちゃんとそこで自己実現しているわけです。

ここで強調したいのは、このような「わたし」のあり方にとっては、従来の意味での「現実」というのは存在していないということです。『十二国記』は「わたし」の生まれた世界、生えている社会風土という初期条件を全面解除してしまう作品で、どこか他の世界へ行っても「わたし」が「わたし」でありうるならばそれでよく、「現実」はもはや自分が、向き合うべきもの、それと戦って成長する固有な付帯条件ではなくなります。

虚構を取りこんで膨張した「新現実」・不思議の当たり前化

そこへもってきて、ＩＴ技術の発達によって、さまざまのヴァーチャルな体験ができるようになると、現実自体のほうも固定ではなく、肥大し拡張してゆきます。おまけに映像によって多数が同じ体験をすると、疑似体験の虚構世界も現実として確定されてしまいます。その結果、輪郭があいまいになった、従来の物理世界を越えた「新現実」ができあがるわけですが、それはもはや虚構でもなく、みんなが認めている世界です。ディズニーランドの存在と同じように、「不思議の当たり前化」が起きます。一般小説に魔法が出てこようが、過去へワープしようが、恋人が吸血鬼であろうが、読者は別に驚かない。したがって表面的には「不思議」に満ちた

「ファンタジー」が消滅してゆくように見えるわけです。

「対・現実」つまり抵抗勢力であったファンタジーはなくなり、ファンタジー成分となって、あらゆるフィクションに入りこんで見えなくなる。しかし全体として見ると――従来の物理現実ではない、新たに不思議な拡張現実、ファンタジー感染を起こした「新現実」が立ち上がっている。この二つが作用反作用で、セットになっています。

『ハリー・ポッター』を見ても、マグルの世界があり、それと併存している魔法使いの世界があり、両方をあわせて、現実を越えた「新現実」ができあがっています。主人公はそこにいて、それを「不思議」とも思わない。これがネオ・ファンタジーの特色です。

ここがタイトルにつけた「対・現実から脱・現実へ」という意味です。もう「対・現実」構造で、人は作品を見ません。ファンタジーを標榜しないファンタジー作品が平然とヒットしている。万城目学の諸作品がその代表ですが、先月映画化された『テルマエ・ロマエ』（ヤマザキマリ）などもそうですね。これらはありえない設定で、明らかにファンタジーです。それをだれももう意識しない。しかも従来のように「あるかもしれないぞ」的なゆらぎの搦め手から攻めようともしません。不思議なことを既成事実としてただ出してきます。だから、いまではもう「現実に似ていること」「現実を模倣する」ことにすがってリアリティを得る、という段階も必要ないかのようです。『テルマエ・ロマエ』は古代ローマ人が当時のお風呂から日本の露天風呂にタイムスリップしてくる連作ですが、その仕組みや意味の理不尽さはだれも問うことなく、ただ受け入れて楽しんでいます。

聖地巡礼へ・物語を風土に「コピペ」する

さて、こうしてみますと、従来のファンタジー論で「現実を揺らす」（Z・トドロフ）とか「現実を転覆する」（R・ジャクソン）など、現実を堅固な基盤として、それとの比較でファンタジーを定義していたのがもはやあてはまらなくなってきているのは当然です。堅固な現実とふわふわの非現実という対立図式が、いまではボーダーレスであいまいなゆるい現実と堅固な幻想（CG映像など）という図式になってしまっています。

しかし、それでは、従来的な意味での物理現実の支えはいらないのか、というと、これがあながちそうでもないのです。その行動のひとつが〈聖地巡礼〉です。これはもともとの意味での宗教的な巡礼行とは違い、また歴史好きな「歴女」のような人が史跡を訪ねるのとも違い、おもにアニメのファンが、その架空のアニメの舞台となっている現実の場所に行き、キャラクターの行動を追って楽しむという旅です。作者のほうも、「あいまいな日本の地方都市」とかではなく、ちゃんと固有名詞の土地を取材して、そこに物語をのせています。

この〈聖地巡礼〉とは現実の場所を、虚構物語の舞台として定義しなおそうという衝動です。フィクションなんだけれど、それを完全に架空世界に置くのではなく、少し現実にかすった世界にひっかける。作者側もノイズとして「現実」の要素を入れることで、リアリティの強度を高めようとしています。これを福嶋亮大は「偽史的想像力」と呼んで、物語の舞台となった土地に、架空の起源を与えることとしています[*3]。

これは、〈虚構の環境化〉の最終的な形かもしれません。わたしは二〇一〇年に境港市に『ゲゲゲの鬼太郎』による町おこしとあたり一帯の「妖怪世界化」を調べに行ったのですが、空港から「米子・鬼太郎空港」となり、ＪＲも駅名もふくめ車体も妖怪列車、町は昭和レトロな町並みにずらりとブロンズの妖怪像が立ち並び、何とも不思議な、偽史的想像力の町ができあがっていました。

彼方への衝動が寸止めになるテクノロジーの逆説

それから、あといくつか、ネオ・ファンタジー時代になって、失われたものに目を向けておきますと、もっとも強く感じるのは、主人公が自分の環境世界とのあいだに本質的な齟齬を感じていない、ということです。世界とのあいだの埋めがたい違和感、齟齬、隙間、それがあればこそ、ここはわたしのいるはずの世界ではないとか、本当の世界がどこかにあるはずだ、という別世界を希求するファンタジー衝動が生まれるのですが、ハリーがホグワーツで、何かもっと他に魔法の楽園のようなものを夢見ているとは思えません。前述したように、個人とその生育環境が一体成型ではなくなっている以上、環境に対する摩擦や抵抗感も少なくなっているのかもしれません。

さらにヴィジュアル技術による「不思議の当たり前化」は、逆説的に「見えるもののみで満足する」、という事態を招来しているように思えます。化け物にせよ、魔法にせよ、超能力にせよ、技術を駆使して見せられてしまえば、逆に、見えているものだけがすべて、というところに回収されてゆきます。それ以上のもの、目に見えないもの、この先があるのでは？　というところへ行かなくなります。

たとえば妖怪などがみごとに造形化されると、存在は確定し、認知されますが、かえって恐ろしさなどのオーラは失われ、ある意味で見切られ、日常化してゆきます。ファンタジーを実現する視覚技術が、ファンタジーを閉塞させるというパラドックスですね。見えないものは、最終的に描けないから。

荒俣宏が、水木しげるの妖怪世界が二十一世紀にさらにブレイクしたことに関して、「見えない世界」「さわれない世界」を扱うのが情報化社会である、それにのって、「大脳で感じた世界を、目や耳や肌のリアリティにつなげてやること。それがコンピュータの、イメージとリアリティを結合させる力」[*4]だと述べていますが、まさに二十一世紀のネオ・ファンタジーの隆盛とはこのことなのです。現実的な五感に翻訳された「気配の世界」です。

そのさきがさらにどうなるのか。

五感が拡張していったさきですが、わたしはおそらくこのさきは「意識」を探索するファンタジーになってゆくのだろうと思います。

恩田陸の『夢違』（二〇一一）はすべての人の夢が可視化できるようになった時代の話ですが、夢の意識は、視覚プロパーでも触覚プロパーでもない、何とも言えない不可知感を伴っています。従来の五感に制限されない、予感や確信に満ちた空間です。「わたし」とは何か、に対するひとつの新たな解答は、こちらの方向にある気がします。

そして「世界」「環境」に関してさらに増えてゆくと思われるのは、現実の土地に流出してゆくマジック・リアリズム的なファンタジーですね。さきほど〈聖地巡礼〉という現象を紹介しましたが、現在、ローカリティにこだわることで荒唐無稽なファンタジーをそこに練りこんでしまう作品がかなり読まれています。さきに名前を出した万城目学の『鴨川ホルモー』は京都の大学生たちが秘密のメソッドにのっとって小鬼合戦をするというもので、彼は『鹿男あをによし』では奈良を、『プリンセス・トヨトミ』では大阪を、『偉大なる、しゅららぼん』では琵琶湖畔を、フィクションを支える〈聖地巡礼〉的な物理風土として用いています。沖縄を舞台にする諸作品（『シャングリ・ラ』『テンペスト』）を書く池上永一さんも同じような狙い方をしていますが、ここには「現実とは何か」における「脱・現実」の新たな解答があるような気がします。

かつては、「ファンタジーとは何か」「別世界とは何か」「幻想とは何か」だった問いが、いまや「現実とは何か」に移行しました。それがファンタジーの発する問いになっています。純粋無雑な、みんなの日常的現実、と呼ぶべきものはかつてはあったのでしょうが、もはやどこにもない。虚構がまざりこんでいるのが当たり前の現代において、「現実」とは、意識と物理的環境のハイブリッドであり、たくさんの文化や作品をちりばめたハイパー・リアリティなのだ、ということを伝えているのが、もっとも新しいこうしたネオ・ファンタジー作品群ではないかと思います。

＊1　ひこ・田中『ふしぎなふしぎな子どもの物語　なぜ成長を描かなくなったのか？』光文社新書、二〇一一

＊2　大澤真幸『現実の向こう』春秋社、二〇〇五、参照
大澤は、ディズニーランドの開園を虚構の時代の幕開けの大きな事件と位置づけ、しかもランドの中心が、シンデレラ城というファンタジーゾーンであることに注目している。

＊3　『思想地図 vol.3 特集アーキテクチャ』東浩紀、北田暁大編、ＮＨＫブックス、二〇〇九、『思想地図 vol.4 特集想像力』東浩紀、北田暁大編、ＮＨＫブックス、二〇〇九、参照

＊4　荒俣宏「妖怪博士は宇宙の偉人」『妖怪まんだら　水木しげるの世界』世界文化社、二〇一〇、所収

第2章　二重性の文学としてのファンタジー
──『ナルニア』から『指輪物語』そして映像の時代へ

ファンタジーの二重性

とりあえず二〇〇五年三月に封切られた『ナルニア国ものがたり──第一章：ライオンと魔女』の映画の話から始めてみよう。奇しくも原作刊行がほぼ同年である『ロード・オブ・ザ・リング』と同じスタッフが視覚効果やクリーチャー製作を担当したためか、全体のトーンもよく似ている。『ナルニア』の旧映像（TVドラマ）を撮ったBBCとは違い、この映画制作者はC・S・ルイスの原作の忠実ななぞりをやろうとしたのではないが、この映像化によって、ファンタジーというジャンルのかかえる特別な構造もまたあらわになったと感じられた。

第一印象として、映画で前面に押し出されたのは、主人公の四兄妹のドラマである。思慮深い兄ピーターにいつも頭をおさえられる不満から魔女のがわに寝返る、むてっぽうな次男エドマンド、常識的で優しいスーザン、無邪気でもっともやわらかい心を持つルーシィ。かれらの兄妹愛の人間的なドラマが、何よりもわたしたちの心に残るものだ。子役たちの愛らしさ、りりしさがそれをいやがうえにも強調する。だが、その後景にはナルニアという、えたいのしれぬ神話や伝説の生き物たちのダークな世界が広がる。映画『ナルニア』のもっとも大きな特徴は、このやや分離した二層性だ、と感じられる。前景で演じられているきわめて現実的人間的なドラマはそれだけで完結していて、あるいはナルニアならぬ現代の学校生活の場面で演じられていても、一見さほど意味を失わないものに思える。

では、背後に広がるこのナルニア世界とは、なんなのか。

筆者の考えるファンタジーの力とは、前景で行われていること、表面的に起きている事象の背景に、もっと深い意味や連想や象徴性が響きあい、過去の歴史のエコーが幾重にも重なりあい、語り得ぬ何かが透けてみえることである。[*1] たとえば現代人がどこかの古代めいた世界に迷いこんだ場合に、そこで体験するドラマが、彼の問題をより深い形で反映していたり、あるいはその淵源を示し、人類全体の意識の壮大な模様を描きだしていたりすること――またはミクロコスモスたる個人とマクロコスモスたる世界がつながりあっていることを宿命・予言などの布置で示し、新たな世界俯瞰のパラダイムを見せること。そのためには後景である世界観と、前景の出来事がしっくり重なって、有機的に結ばれあっていることが望ましい。そうでなくては、個人と世界の関係は、この現実と同じように偶発的でばらばらなものになってしまう。見えていることの背後にもっと深い意味がある、これはただ一過性の偶然事ではなく、登場人物はある意味の元型でもあり、人類の代表なのだ、と感じさせるために、ファンタジーはしばしば背景に古く神話的な世界を配置する。逆に言えば、その効果があげられなければ、既知のおとぎ話めいた世界で冒険することになんの意味があるだろう。

『ナルニア』はその点において原作自体が、後景の世界設定にやや危うい面を持っている。トールキンの〈中つ国〉とは異なり、ナルニア世界は作者のオリジナルというよりは、ギリシア神話やケルト神話の無造作でなまな引用である部分が多い。

果たせるかな、はじめわたしは、MGM映画のトレードマークみたいなライオンと、特撮のフォーンやアニマトロニクスの（子どもだましの！）ものいう動物たちの切り張り細工のこの世界では、ファンタジーの二重性がうまく機能せず、学芸会的な笑うべきものになってしまうような気がして画面を眺めていた。最大の危惧とは、前景の兄弟姉妹の感動的なドラマだけが浮き上がり、後景の世界がそれと遊離したちゃちなものに見えることだ。人物のドラマが真にせまっていればいるだけ、それを支える背景がお手軽な寄せ集めの遊園地であっては、やっぱりファンタジーはお子様ランチだと言われかねない。

映画や演劇の、もっとも大きな問題はその困難にある。ファンタジーの二重性の力点はむしろ後景の深さ、世界観の色合い、手触りにあるのだが、劇が得意とするのは前景のドラマである。後景をなす世界観は、単なる視覚的なリアルさでは届きえないものであって、リアルでなければ子どもだましであり、リアルであればあっただけ、ファンタジーとは別のものになってしまう。

劇とファンタジー

わたしはこの後景の問題を目下のところ、原作つきファンタジー映画の最も大きな問題だと考えているが、これについては、ファンタジーをリアルな小説に近づけようとしたトールキンがすでに早くから指摘していた。ディズニーの長編映画もまだなかったころの話、かれはファンタジーの舞台化について、そのちゃちな仕掛けが想像力を阻害すると嘆き（『長靴をはいた猫』や『マクベス』について、「物語で読んだときの記憶にすがらなければ観ていられる代物ではない」（『妖精物語について』[*2]）と述べている）、ならば巧妙な仕掛けによって、それらがクリアーされればそれでよいのかといえば、そうではないという点で、ひとつ重要な示唆を行っている。ファンタジーが目に見えるものにされる（舞台芸術化される）とき、それは微妙に劇《ドラマ》の位相にずれこむというのである。

「ファンタジーや妖精物語の中のできごとが、人間の登場人物に与えるインパクトから、劇作品を作ることができるが、劇がファンタジーなのではない。舞台には人間が登場し、観客の注目はそこに集まる。……(中略)……劇とは人間中心になるものだ。妖精物語やファンタジーはそうである必要はない」(前掲書)

劇の主題とは、たとえば妖精の世界に拉致されて戻ってきた「人間の悲劇」であるが、ファンタジーでは必ずしも「人間ドラマ」を描く必要はなく、妖精や妖精国そのものの不思議さが主題であってもよい。「ラジウムの研究で苦しんだ人間の運命を劇にすることはできるが、ラジウムそのものは劇にならない。だがラジウム自体に関心を持つ人間はいる。同じようにドラマではなく、妖精そのものに関心を持つ人間もいる。ラジウムに関心のある人間は科学書を書き、妖精に関心を持つ人間は妖精物語を書く。しかし劇は、ラジウム自体も妖精そのものも扱えない」(同前)。

つまりトールキンはファンタジー文学の重要な要素でありながら劇作品になりえない部分とは、ドラマ以外の部分、たとえば妖精や魔物そのもの(のオーラや存在感、神秘な雰囲気、その世界)への関心である、と述べているのである。ファンタジーの後景には、それがしっかりと横たわっている。そして必ずしも前景にドラマを必要としない。『リリス』(G・マクドナルド、一八九五)のように、異世界に迷いこんだ人間がそこでさまざまなものを見聞きして行くだけのような名作も多く存在する。

だが劇や映画は、ドラマを扱わざるをえない。特にセリフ主体の前者はそのための形式であるし、また書物と違い、とちゅうで巻をおいたり、前のページを読みかえしたりすることができないので、ドラマティックな直線的サスペンスがなければ、観客を椅子に座りつづけさせていることはできない。同様に、ファンタジーの原作が映画化される場合にも、この起承転結のドラマ性が強調され、あるいは創出されることになる（『魔女の宅急便』の、ひとつの世界のなかでのデリケートなエピソードを淡々と連ねてゆく原作（角野栄子）と、宮崎駿によるアニメ映画におけるドラマティックな盛り上がりを持つ少女の成長物語の対照を思い出していただきたい。読者が世界を味わうことよりも、登場人物の内的あるいは外的葛藤が主題になるのである）。

ファンタジー映画化の危うさとは、後景の、現実世界とは異なる世界の、異なった空気感を描くのに失敗することであり、そうなると、おとぎ話の書き割りの前で、リアルな現実ドラマが進行している状態になり、人間は深みと陰翳を持つ元型ではなく断片的な個人と化し、世界の深さをあらわすのに失敗した後景の、非現実的な嘘くささだけが浮かびあがってしまう。『ナルニア』の映画パンフに書かれているように「大人も息抜きのために」ファンタジーを観ましょう、という情けない結論に終わってしまうのである。

ファンタジーを愛するものは、息抜きのためになぞファンタジーを見ない。息抜きだったら、もっと現実に即したコメディ映画を見て、現実もかわいらしいもので捨てたものではない、と思うほうがいい。わざわざ別世界へ行き、別の世界観を体験するのは、自分の足が乗っているつもりの「現実」をひっくりかえすという壮大な企図のためではないか。

『ナルニア』の映画に話を戻せば、前景の兄弟姉妹のドラマのリアルさのために、後景がむなしく浮いてみえたという印象はないわけではない。だが、それでもあの、ギリシア神話の怪物や妖精、地味づくりのサンタクロース、（筆者がこれだけはやめてほしいと思った）ものいう動物の中途半端なリアルさにもかかわらず、ペベンシー兄弟の物語の背景はあれでなければならなかったのだ、とも思う。兄弟の確執と赦しは、あの神話的なスケールの中で語られたからこそ、大いなるもの、わたしたちすべてのものになったのだと。

そこで気づくのは、あの微妙な二層の分裂感、映像の後景の危うさすらも、逆転してファンタジーの効力に寄与しなかったわけではないということだ。もともとが児童文学であり、小説のリアルな密度をさほど持たず、おとぎ話の飛躍性とあいまいさを多く残した『ナルニア』であるが、それは、ギリシア神話とサンタクロースとものいう動物という、つじつまのあわない世界観が、そこそこリアルに（やや滑稽に）映像化されることによって、その背後にある真摯なものを幻視させる力を持った。たぶん原作からわたしたちが受けとっていた世界は、もっとマジカルで、おとぎ話のイラストのようなニュアンスを持ち、救世主たるライオン、アスランものぼのとした金色の存在であったであろう。それを無理やりリアルにしたことで、あれは子どものお話ではない、深遠な体験なのだ、と主張する力を持つと同時に、妖精や動物が「小賢しくリアルすぎる」奇妙さのために、それは、形ではあらわしきれないものをなんとかあらわそうとしていた、C・S・ルイスのある意味で寓話的な姿勢に一周遅れで通底するものともなった。

逆説的なようだが、映像とはつくづくふしぎなものだ、とも思う。リアルを追求しつつ破綻する場合であっても、むしろ、画面上のものが、後ろに何か大きなものを二重写しにする、あるいは幻視させはじめるのである。

CG以前の日本の七―八十年代の特撮映画のかずかずが、着ぐるみや変身場面をふくめ、当時の技術ではせいいっぱいのぎりぎりの努力をしていたとはいえ、どう見ても稚拙であったが、むしろそのために、目に見えるものの背後にある真の物語を予感させたことを、わたしは感動をもって思い返す。あれらはみごとに、見えるものとその背後のまことの世界の二重性をわたしたちに提出してくれていたファンタジーであったと。

ファンタジーの起源

ここまで二重性という言葉で語ってきたファンタジーの歴史について、少しふりかえってみようと思う。「ファンタジー」とはもともと空想、夢想の意味であったが、ジャンルとしてのファンタジーについて考える場合にその前身としてあげられるのは、神話、昔話、騎士道ロマンス、ゴシック小説、幻想文学などである。それらの理論なども含めて詳しくは筆者が『オックスフォード児童文学事典・現代篇』（原書房、二〇〇五）に書いた「ファンタジー」の項目を参照していただきたいが、日常のこの世界ではない、別の世界、死後の世界をふくめた遠隔世界に心ひかれた人々が、空想旅行譚を生み、時代がかった幽霊物語（ゴシック小説とはもともと、時代小説の幽霊物語版であった）を生み、遺跡の発掘から古代文明への思いを馳せた秘境冒険小説を生み、ホフマンやノヴァーリスのようなメルヘン意識の中の桃源郷に憧れる作品を生んだ。

これらは「今、ここ」以外の時間、場所に自分を置こうとすることで、現実を逆に照らしかえす相対化作用を持っていた。ただし大雑把にいえば、これらは市民生活をリアルに描く小説というジャンルが登場する以前のフィクション一般と呼んでもよいものであり、フィクションの持つ異化作用以上のものを持っていたとは言いづらい。フィクションは要するにフィクションであって、日常に比べれば無用な詩であり、絵空事であるという感触は免れない。これに対し、第二世界や並行世界を語る二十世紀のジャンル、ファンタジーはもう少し尊大であり、現実をも包摂しようとする宇宙論的体系ではないかという気がする。

わたしはJ・R・R・トールキンをもって現代ファンタジーの祖と考えているが、彼の登場にいたるまでの背景としては、十九世紀におけるグリム兄弟を筆頭とする昔話や妖精物語の掘り起こしとそれに触発されたラスキンやマクドナルドの創作妖精物語、近代都市やテクノロジーへの嫌悪から中世の文化に憧れるウィリアム・モリスの擬古文による英雄物語などをあげることができるだろう。創作妖精物語は児童文学の黄金時代をもたらし、以降二十世紀前半にかけて、『不思議の国のアリス』（一八六五）『砂の妖精』（一九〇二）『ピーター・パン』（一九一一）『クマのプーさん』（一九二六）『風にのってきたメアリー・ポピンズ』（一九三四）などの古典的名作を輩出してゆくが、このほとんどがファンタジーである。子ども時代によせる当時の英国社会のロマンティックな憧れが、それを黄金時代として特権化し、子ども部屋という夢の国をクローズアップしていった。これらの作品では現実と異世界との往還が自然に描かれ、大人になると異世界との通路は断たれるものであるとしながらも、子どもという特権的な種族においては、異世界の存在が容認された。いっぽうこの時代には、大人の文学の世界では内面の「意識の流れ」がもてはやされ、また新たな騎士道ロマンスともいうべき初期ＳＦが勃興して、異世界での冒険はテクノロジーの堅固さと蓋然性をまとって復権しつつあった。こうして目に見えない世界は準備されつつあった。

トールキンの登場と現代ファンタジー

トールキンの『指輪物語』（一九五四―五）は、そんななかへ登場した、大人のための緻密な異世界物語である。それは、もはや大人になっても卒業しなくてもよいもうひとつの現実（偽史）であり、それでいてテクノロジーやありうべき未来といった外部の蓋然的存在に支えられることを必要としない神話や妖精の世界の復権でもあり、表面的には、子ども部屋限定だったファンタジーがついに大人の世界に広がっていったと見えるものでもあった。

ファンタジーというジャンル名が成立するきっかけとなったのも、このトールキンの『指輪物語』のアメリカでのペーパーバック出版にあたって、バランタイン社が『指輪物語』をふくむ作品群を一角獣のマークとともにアダルト・ファンタジー・シリーズと銘打ち、叢書として刊行したことではないかと思われる。この叢書にはE・R・エディスンの『ウロボロス』（一九二二）、G・マクドナルドの『ファンタステス』（一八五八）『リリス』（一八九五）、ロード・ダンセイニの短編集、W・モリスの『世界のかなたの森』（一八九四）『世界のはての泉』（一八九六）など、十九世紀末から二十世紀初頭にかけての作品の復刻とともに、トールキン以降の作家、たとえばP・S・ビーグルの『最後のユニコーン』（一九六八）、E・ウォルトンの『リアノンの歌』（一九七二）、S・A・ローベンソールの『エクスカリバー』（一九七三）なども含まれ、編者リン・カーターはここで新たに、十九世紀末から現代にいたるひとつの文芸ジャンルの文脈をつくりだしてみせた。以前には叙事詩、幻想文学、創作神話、妖精物語、冒険小説などのジャンルに分割されていたものの中から自在に作品をピックアップし、ファンタジー的なるものを具体的に抽出してみせたのである。

彼が築いたこのファンタジー・ジャンルの受け皿へ、SF作家たちもSFの方法論をもって造り上げた異世界物語を投入しはじめる。その記念すべき作品のひとつが二〇〇六年の夏スタジオジブリがアニメ化したU・K・ル＝グウィンの『ゲド戦記』（一九六八―二〇〇一）である。

このように名実ともにファンタジーの開祖と言えるトールキンのなしとげた力わざのひとつが、「第二世界」を「準創造」するという行為である。彼は神にならって人間も世界を創造するのだとした。それまでの空想物語がむしろ人物中心であったのにひきかえ、かれの物語は世界中心である。壮大な世界を、しかも完全な絵空事ではなく、これこそがヨーロッパの古代正史であるとの自負をもって作りあげ、そこにエピソードを配置する。その方法論と緻密な世界設定はRPGゲームを生み、またジョージ・ルーカスの『スター・ウォーズ』をはじめとするSF的大河シリーズ作品にも受け継がれる。

そしてもうひとつは彼が、詩に近い儚い性質と、神話、叙事詩などの「物語」の主題を持っていたそれまでのファンタジーを、現実をリアルに描く小説というジャンルと合体させ、「ファンタジー小説」なるハイブリッド・ジャンルを産み出したことである。神話や伝説に多く取材したトールキンの世界は、人類の記憶のエコーともいうべき遠大でなつかしい世界観を背景におきながら、前景ではホビットや人間たちの現実的な心の動きと日常の卑近な行為を語る。この二層性によって、散文的資質の作家もファンタジーに参入することが可能になったし、多くの読者がとりあえずフロドやサムについて異世界へ入っていくこともできるようになった。

その延長線上に現代の『ハリー・ポッター』に始まる第二次ブーム、いや未曾有の隆盛があるわけだが、その前に『はてしない物語』（M・エンデ、一九七九）という思索的ファンタジーを、ドイツ・ロマン派の幻想文学の隔世遺伝として置いておくべきかもしれない。この作品も『モモ』（一九七〇）とともに映像化されたが、主人公の少年がいよいよファンタージエン世界の主となって、そこを思うがままに改変してゆく原作の後半はついに映像化されることがなかった。その理由は実によくわかる。ファンタージエンは願望がすぐに物質化する夢の意識の世界であり、「汝の欲することをなせ」と書かれたお守りの力で、主人公は美少年になり、賢者になり、神話を作り、生き物の成り立ちを変え、望みの限りを尽くすうちに、己れがわからなくなってゆく。語られているのは終始ヴィジュアルな場面ではあるのだが、主人公の姿形が変化し、物語の背景となるべき場までが改変されるとあっては、ドラマとしての緊張感を欠く。エンデは「わたしは絵にならないものは書かない」と宣言し、画家であった父ゆずりのシュルレアリスム風の絵も描いたが、それは静止画であってこそ、多くの展開を予想させる深みを持ち得たにせよ、連続した映画にはなりにくかったのではないか。また戯曲作品も多いとはいえ、それらは言葉の力でもって神秘的な世界観をつむいでゆく印象が強く、本来の劇らしく人間どうしが向き合っての葛藤が語られているという印象は薄い。*3

友人かつ大学の同僚であり、同時期に『指輪物語』と『ナルニア国ものがたり』を書き、それが踵を接するようにして映画化されたJ・R・R・トールキンとC・S・ルイス。前者は以降のファンタジー小説の先駆者となり、後者は旧来の象徴的ファンタジーの集大成者となった。それは小説と物語という文体の差だけではない。二人を生んだ一九五〇年代は、以後映像を志向し（不可視のものをはっきりと指示的に現前せしめ）てゆくという、ファンタジーの歴史の中での大きな転換点となったように思われる。

現代ファンタジー文学の二重性と、映像ファンタジーの前景、後景の二層性。微妙に位相が異なるとはいえ、わたしたちを魅惑するのはこの二重性であって、今後も続くであろうファンタジー映画化の力わざによって、ファンタジーとは何かが、むしろあぶりだされ、強くわたしたちの関心をひくことになるだろう。

この問題は『ハリー・ポッター』以降のネオ・ファンタジーにおいてはまた、やや異なる様相を見せはじめるのだが、そのことはまた稿を改めて述べたいと思う。

＊1　ここでの前景、後景という言葉は、アウエルバッハの『ミメーシス』（ちくま学芸文庫）における用法に近い。かれはホメロスの作品には人物が活動している前景しかないのに対し、旧約聖書の場合には、前景のできごとの背後に、歴史と広がりをもつ深い世界が響いているという。

＊2　"On Fairy Stories" トールキンが一九三〇年代から行ってきた講演の内容を一九六四年にまとめたものが最初であるが、その後改訂が加えられ、現在では一九八八年版の Tree and Leaf, HarperCollins,Publishers 所収のものが定本。ちくま文庫、評論社より訳本が出ている。

＊3　エンデのように、異世界が、主人公の意識の中の世界である、あるいは無意識の反映である、というようなテイストのファンタジーはサイコ・ファンタジーと呼ばれることもあり、昼の世界のドラマのような緊迫した論理的展開は持たないかわりに、夢の持つ奇妙にねっとりとした非論理的なリアリティがある。論理と因果の整合性の中から脱出するのもまたファンタジーのありかたであって、『アリス』のノンセンスな世界観に

ついてゆけない人間には、『マリアンヌの夢』（C・ストー、一九五八）のような夢日記の世界も用意されている、と言っておこう。ファンタジーにおけるこのような現実転覆的作用を強調した書物にR・ジャクソンの『ファンタジー——現実転覆の文学』（一九八一）があるが、ファンタジーが第二の現実、あるいはそのヴァリエーションに過ぎないものを作っているだけではないことを忘れてはならないだろう。

第3章　ファンタジーとはなにか

――遠近法の文学

先日、リドリー・スコット監督の新作映画『トリスタンとイゾルデ』（公開は二〇〇六）の試写を見た。特にこれとしぼれる原作はないが、媚薬の扱いなどの魔法昔話的な要素を抜き、歴史の中でのリアルな恋物語を意図したという点で、トーン的にはわたしの訳したR・サトクリフの『トリスタンとイズー』（沖積舎、一九八九、原書は一九七一）に近い。おおよそ五、六世紀のころ、アングル、ジュートなどの七部族が覇を争うイングランドと、さらに虎視眈々領土拡大をもくろむアイルランドの緊張感漂う戦乱の時代、伝説と同じような出会い方をしてしまったトリスタンとイゾルデの恋が、後世の典雅な騎士道ロマンスの時代とは違い、せっぱつまった部族抗争の中で、恋と信義（政略）の板挟みになるという形で潰えてゆく。当時の粗野で野蛮な生活が緻密な時代考証の上に描かれ、戦闘場面も多いが、映画『ロード・オブ・ザ・リング』ほどのおどろおどろしさ、映像の威嚇性はなく、主役ふたりのまっすぐなういういしさがそのままこの物語の爽やかさを象徴していた感がある。

だが、それを見終えたときに最初に浮かんできた思いは、この映画がもし「トリスタンとイゾルデ」と銘打っていたのでなかったら、つまり監督や制作者の意識の中にも、わたしのような鑑賞者のがわにも、過去のさまざまのトリスタン伝説、再話の連綿たる系譜やそれらのニュアンスが深く重石のように食いこんでいるのでなかったら、この感動はありえただろうか、ということだった。もちろん、トリスタン伝承についていっさい知らない女子高校生が映画を見ても、ひととおりの恋愛ロマンスとして理解し、感動するだろう。しかし知っている者、特にこうした伝承の数々を愛し、それを踏まえたコクトーの映画、ワーグナーの楽劇に深く思い入れたものでなければ、この作品の総重量は感じられないだろうし、あたかも氷山のように、その見えざる水面下の巨大な全容は隠されたままになるのではないだろうか。

そこで、わたしはふたたび物語の前景と後景の問題に思いをいたすことになった。ファンタジーとは前景でひとつの物語を織りながら、後景にそれが牽引するすべての過去の世界観を浮かびあがらせ、共振させ、現在の物語が過去の伝承に新たな光を与え、また過去が、いま新たに語られた物語を深い陰翳で彩り、人類の共同無意識の真実性を付与する、そうした往復運動を持つ立体的な物語の塊《マッス》なのではあるまいか。それはすなわち、時間の中にたつ物語の連続体なのである。

このような見方があてはまる作品として、わたしは主にトールキン以降の異世界ファンタジー、主にファンタジー小説と銘打たれているものを念頭においている。ファンタジーあるいは幻想文学については爾来、さまざまな定義が行われてきたが、それらはどのあたりの作品を対象とするかによって大きく異なってくるわけで、例えばツヴェタン・トドロフにとっての幻想文学は、「非現実的なものを前にしたときのためらい」[*1]を含む十九世紀から二十世紀前半の作品であり、主に怪奇小説を例にとって、その中での不思議な事件が、超自然的にであれ合理的にであれ説明され尽くしている場合には、純粋な幻想文学ではなくなるものであるとする。またロジェ・カイヨワは「ありえないもの、超自然的なものの、合理的世界への、禁を破っての侵入」を幻想の要諦とし、中世以来の妖精物語の一元的世界観と、幻想小説の二元性をはっきり区別することに主眼を置く。「現実の世界の信用を傷つけたりその統一を破壊したりしないで、現実の世界を補足する超自然的な世界が妖精物語の世界である。これに反して、恐慌的混乱を引き起こし異常な裂け目を作り唐突で非道な侵入という形をとって、幻想的小説の世界は現実の世界の中に姿を現わす。ほとんど堪えがたい衝撃がこの出現にはつねに伴う」[*2]

またエリック・ラブキンは「幻想（ファンタスティック）とは物語世界の基本則が急に百八十度回転させられる時に我々が感じるような驚愕である」[*3]とし、『ふしぎの国のアリス』のような現実転覆的な作品こそファンタジーであると主張した。しかしこれらは、いずれも従来の幻想文学を対象としたもので、異世界ファンタジーという新しいジャンルには対応しきれていない。異世界ファンタジーは、異世界に憧れたり恐怖したりする人間をでなく、異世界そのものを扱おうとするからである。

ここで、そうしたジャンルのもっとも新しい論客であろうブライアン・アトベリーの論をひいてみたい。

「著者自身が自然法則だと信じているものを、なんらかの作り話でもって打ち破るという面を、重要な側面としてもっているナラティブは、ファンタジーである。ストーリーがファンタスティックな性格を帯びるためには、いくつもの方法がある。まずドラゴンや空飛ぶ馬、変身できる人間のように、そんなものは絶対存在しないとみなが知っている存在を持ちこむことがひとつ。それから意志や声を持ち、勝手に動く指環や帽子や城など、われわれの経験上、生命のない物体にはありえないと思われる属性をもつ魔術的なオブジェ。また、一連の出来事でそれを表現することもできる――ふたりの人間が痛い思いもせずに頭を交換したり、木が通行人をひっつかんだりするなど、物質や生命についての基本的な仮定を打ち破るものである。ファンタジーはこれらの不可能をなんのためらいもなく、疑いなく、またわれわれが世界の働きについてもっている知的な理解と折り合わせようとか、こういう不思議なことは、ある状況のもとでは起こりうるのだと説得しようとはせずに、とりあつかう。

不可能なキャラクター、オブジェ、出来事をストレートに平然ととりあつかうという態度によって、ファンタジーとその周辺ジャンルを区別することができる」（『アメリカ文学におけるファンタジーの伝統』[*4]）

つまりここでアトベリーは非現実的な事件や不可能のまかりとおる世界を扱うものがファンタジーであるが、それを現実と折りあわせるための説明などせず（するのがSF）、そういうものだとして提出してしまう、そのあり方について述べているのである。見落とされがちだが、実はそれこそがトールキン以降のファンタジー小説のもっとも大きな特色なのではないか。トールキンの主張した第二世界は、ある意味ではカイヨワのいう妖精物語の世界のように、現実世界とは別に安らかに存在してしまうものであり、それがどこに存在するとか、架空か実在かなどの問いを超えてしまっている。それは「在る」「空想する」ものを遠くから描写するのではなく、作者が「準創造する」ものだからである。

しかし草創期には、この異世界の存在意義あるいは架空世界の置きどころについて、生涯かけてあれだけの長大な作品をなしたトールキン自身、何と説明しようかとかなり悩んでいたように思われる。当時はまだファンタジーというジャンル名がなく、自作や騎士物語を含めた作品群をかれはとりあえず「妖精物語（fairy stories）」と呼んでいた（『妖精物語について』[*5]）が、それらが「非現実」「逃避」であるとの批判を、作品の持つ心理的効用に訴えることで何とか切り抜けようとしていたし、同僚であったC・S・ルイスはこの別世界の真贋問題について、『銀のいす』の中ではなはだ大胆に、登場人物のひとり、沼人の泥足にがえもんに「よろしいか。あたしらがみな夢を見ているだけで、ああいうものがみな頭の中につくりだされたものにすぎないといたしましょう。たしかにそうかもしれませんよ。だとしても、その場合ただあたしにいえることは、心につくりだしたものこそ、じっさいにあるものよりも、はるかに大切なものに見えるということでさ、あなたの王国のこんなまっくらな穴がこの世でただひとつじっさいにある世界だということになれば、やれやれ、あたしにはそれではまったくなさけない世界だとやりきれなくてなりませんのさ。あたしらはおっしゃるとおりあそびをこしらえてよろこんでる赤んぼかも知れません。けれども、夢中で一つの遊びごとにふけっている四人の赤んぼは、あなたのほんとうの世界なんかをうちまかして、うつろなものにしてしまうような頭の中の楽しい世界をこしらえあげることができるのですとも」と、半ば開きなおりの語調で言わせている。つまり、異世界があるかないか、それがファンタジー文学の大いなる足枷だったのだ。

ところが現在『ハリー・ポッター』をはじめとし、大量に生産されている異世界ファンタジー小説は、このような世界が本当にあるかどうか、ありえないものを書くことの意義は何か、などということにもはや拘泥しようとしない。それはひとつには偉大なトールキンが、あろうがなかろうが、その「第二世界」を自ら「準創造」すればよい、と作品をもって示してくれたからであり、かれはそれをカトリックの信仰と結びつけ、神の創造にたとえていたけれども、そしてミヒャエル・エンデはそれを「遊びとしての芸術」という言葉で表現したけれども、つまりはひとつの世界を創り出し、そこに物語をのせることによって、現実というあいまいな領域の中での物語が持ち得ぬ、はっきりした輪郭と意味あいを、その物語に与えることができる、ということが人々の意識の中で認められ、明らかになってきた、ということではないのだろうか。

光と闇の戦いなぞの大問題でなくとも、恋愛や忠誠心などの人間関係のドラマであれ、それを前景の人物描写だけで理解することはできない。その人物たちの置かれていた時代や状況や、かれらを縛っていた世界観などを総体として見ることによって、その問題の制約的な意味あいがより深くえぐりだされるとともに、かれらの悲劇性やまた普遍性、われわれに通じるところも明らかになるのである。過去の時代を舞台にする歴史小説は、当然ながらその鳥瞰性を持ち合わせており、現在の異世界ファンタジー小説の多くが、古い時代を舞台にするのも、歴史作家のその視点にあずかろうとするからであろう。そのような時代や世界があるかないかではなく、歴史小説の持つ力を（偽史ふくめ）、もっと自由に行使できるのが異世界ファンタジー小説なのではあるまいか。これがわたしの考えるファンタジーの力の第一点である。

「リアリズムのフィクションよりも、哲学的倫理的葛藤をはっきりさせ、それをすじの中で具体化し、展開する。それは、われわれの複雑で錯綜した日常生活には直接あてはめられない展開ではあるけれども、そのオープンで明白な構図ゆえに心を喜ばせ、鼓舞してくれる。それこそファンタジーが目指すことのできるもっとも重要な業績のひとつである。生や死や悪に理解できる形を与えること。それはつねに、ファンタジーのもっとも初期の形すなわちフォークロアが何よりもねらいとしているところであった」（アトベリー、前掲書）。後景たる世界をきちんと限定して書きこむことによって、彼の言うように、前景をなす物語に、よりシャープな輪郭、意味づけが与えられるのみでなく、この構造は物語の立体化をうながし、さらに言うならば、イメージとしての既知の古代や中世を世界観に引用してくることによって、歴史との重層効果をも達成することができる。冒頭にあげたように、再話、異版としてのトリスタン物語は、その過去の伝承、再話、音楽、そしてそれらの時代の総体を背後にひかえた厖大なテキストとなるのである。

またアトベリーはさらに新しい論考『ファンタジー文学入門』[*6]においては、トールキン以降の作品を主に扱いながら、「このジャンルの作品は、写実的様式とファンタジーの様式の組み合わせからできあがっており」「同じように、作品の登場人物もまた、この二種類の言説の組み合わせから出来ていることが多いのである」と、祖先たる神話やフォークロアとの結びつきを前著に引き続いて強調している。それは単なる素材としての神話や伝承であるにとどまらない。それは「ファンタジーの様式」つまり妖精物語や昔話の性質と、「写実的様式」すなわち小説の性質との合体をもうながす。

前者は、さきに引用したように「現実の世界の信用を傷つけたりその統一を破壊したりしないで、現実の世界を補足する超自然的な世界が妖精物語の世界」（カイヨワ、前掲書）であって、これら妖精物語や昔話においては、なんの説明もなく妖精や魔女やふしぎな存在が主人公と出会い、術をかけたり、魔法の品物をくれたりする。それは巖谷國士の巧みな表現によれば「フェーリック」（妖精的）な一元的世界で、「はじめからこの部屋とはちがう法則にもとづいたワンダーランド」「この現実とは全然ちがうレヴェルでできあがっている別世界で」[*7]ある。これに対して後者の小説的世界つまり「ファンタスティック」は二元的な日常の世界観であり、現実世界にありえないものが侵入してきて衝撃が起きることをテーマとする、多くの幻想小説がそれに基づいているとされる。

したがって後者の意識で、前者のテキストを読めば、時にひどく残酷であったり、血なまぐさいと感じられるのであるが、前者と後者はまったく違う意識のもとにあるというのが真実であろう。前者のリアルは神話的象徴的な、あるいは夢の密度のリアルであり、後者のリアルは物質的なリアルである。

　この二つを発展的にかかえこんだのが現代のファンタジー作品であるといえよう。トールキンのホビットたちは、リアルな身体を持ち、腹をすかせ、汗をかき、かれらのありつく食物は実に現実的に描写されるが、その背景では縹渺たる無時間性のオーラを漂わせるエルフ族がしずかに中つ国を去ってゆこうとしており、前景のリアルな小説的写実的な層と、後景の神話的な（北欧神話、ケルト神話などすべてのヨーロッパの古層をかかえこむ）世界観がいみじくも同居させられている。この二層性が、英国のあるアンケートで『指輪物語』を聖書以来最大のテキストと呼ばせたものでもあり、つまりはそのやり方でもって包摂しうる世界はひじょうに大きく、また異なる密度の意識を、前景の固い物質から、後景の霧のような夢幻めいた深さまでさりげなく織りあわせているそのグラデーションに、多くのレベルの読者が引き寄せられたのではないだろうか。

　ここではアトベリーの言うような「明白な構図」以上に、その世界の深さ、重層性、あえていえば小説と叙事詩の重奏、一つの創作物語とそれが背後に曳く厖大な伝承の複雑な重奏性がわれわれを魅了する。おそらくこれが現在多く書かれているシリーズもののファンタジー小説の魅力の精髄なのではあるまいか。ファンタジーとは時間の中の遠近法をも極めた文学なのである。これがわたしの考えるファンタジーの力の第二点であるが、むろんすべての作品がこの重層構造を意図している、あるいはそれに成功しているわけではなく、前景のめまぐるしい華やかさが、それだけで若い層にとっての「映像的リアル」の生命を持っていて、その部分が強調されて映画化されることもあろう。それはそれでまた映像ファンタジーという別の存在として考えてみたいと思うのである。

また最後にひとつつけ加えるならば、現実世界をもその中に包摂する拡大世界像モデル（『ナルニア』がすでにそうであったように）としての異世界ファンタジーが、今や、宗教、神話が果たしていた役割を、作品によってはいささかファナティックにになないはじめていることにも、目を向けておきたいと思う。『聖なる予言』（ジェームズ・レッドフィールド）の映画化（二〇〇六年に公開された）なども、ファンタジーのそうした啓蒙的機能のひとつのあらわれであろう。

＊1　Tzvetan Todorov, *Introduction a la litterature fantastique*, 1970（『幻想文学論叙説』三好郁朗訳、創元ライブラリ、一九九九）

＊2　Roger Caillois, *Oblique Precede de Images,images……*, 1975（『人間とイメージ』塚埼幹夫訳、思索社、一九七八）

＊3　Eric.S.Rabkin, *The Fantastic in Literature*, 1976（『幻想と文学』若島正訳、東京創元社、一九八九）
＊4　Brian Attebery, *The Fantasy Tradition in American Literature*, 1980
＊5　J.R.R.Tolkien, *The Tree and Leaf*, 1964（『妖精物語の国へ』所収、杉山洋子訳、ちくま文庫、二〇〇三）
＊6　Brian Attebery, *Rhetorics of Fantasy*, 1992（『ファンタジー文学入門』谷本誠剛、菱田信彦訳、大修館書店、一九九九）
＊7　巖谷國士『シュルレアリスムとは何か』（筑摩書房、一九九六、現在ちくま学芸文庫）

Ⅱ

海外篇——層をなす構造の力学

第4章　「虚構の可視化」へ舵を切った児童文学ファンタジー
——絵にならないものは書かない

ミヒャエル・エンデの『はてしない物語』（一九七九）は、まことにエポックメイキングな作品である。それ以前の「ジム・ボタン」シリーズは、従来のノンセンス物語の範疇におさめようと思えばおさめられなくもない作品であり、『モモ』は象徴的寓話として読み解けないことはなかった。だが、『はてしない物語』は——

子どもの本にこれだけの仕掛けと啓示とレトリックを持ち込んだ作品はなかったのではないだろうか。

いまファンタジーに擦れた大人の目で読み直すと、これはまさしく、ひとりの作家が、書くという営為について書いた本としか思われない。

そう、「本の中に入ってゆく少年」「本を読んでいる少年もまたこの本の世界にとりこまれて、新たな本ができあがるという入れ子構造」「本の中へ入った少年とは、書くという行為の比喩で、いま書いたことがすべての過去を作ってしまう」「物語的なるもの（ファンタジー）に、時代ごとの作家が新たなよそおいと名前を与え、よみがえらせ続ける」「物語はどうにでも書き進められるが、どこかに真の道筋があるはずで、それを踏みはずすと、恣意的に望みをかなえすぎた少年が過去を忘れるように、キャラクターの一貫性が失われる」などなど、いまの私はどうしても、そう読み替えずには読めないのだった。

モダン・ファンタジーの出発点を、とりあえずJ・R・R・トールキン『指輪物語』とし、爆発的な拡散（放散）点をJ・K・ローリング『ハリー・ポッター』シリーズに置いてみれば、その間に置かれたかなりくっきりした結節点が、『はてしない物語』だ、と私は感じている。トールキンは詳細な別世界設定を行うことによって、虚構をあたうかぎり「現実化」し、なおかつ現実とは別の次元に「自立」させたが、その自立した虚構が半世紀のうちに十分な強度を得て、現実と共存するにいたったのが、『ハリー・ポッター』である。いや、ホグワーツを含む魔法世界は、現実のロンドンと併存するどころか、むしろそれを包摂してしまい、虚構成分とハイブリッドされた新たなハイパーリアリティ「ハリー・ポッター・ワールド」を立ちあげた。それは実際のトポス（USJ他）としても実現し、虚構は周到に現実に練りこまれてゆく。「素の現実」対「虚構」という旧来の対比は用をなさなくなり、映像芸術やメディアによるヴァーチャル・リアリティの拡散によって、現実の土壌には虚構が分かちがたくしみこんでしまった。添加現実、拡張現実こそが「現実」となり、テーマパークや都市イベントの祝祭化も含めて、時代は「虚構の環境化」をなしとげたとも言える。

では、その道筋の中間点において、ミヒャエル・エンデが、児童文学を中心とするファンタジー史に果たした役割は何か。ここでは三つの点を取り上げてみたい。一つ目は前述したように、「書くということを書く」テーマである。

「書くこと」を書く物語

「ジム・ボタン」シリーズを書きながら、エンデは「物語がおのずから生じてきて、作者の私は、注意深くそのあとをたどって行くだけ」「恣意的な思いつきに身をゆだねるのは、具合のいいもの」「ものを書くことそれ自体を冒険のように体験しうる」[*1]と感じていた。このような「遊び」の自律性は、ノンセンス文学の中核をなすものでもある。それは、外的なモノ、対象に向かって、写生をする態度ではない。『闇の考古学』[*2]の中で、エンデは芸術創作の二つの原則的態度について、次のように述べている。

「ひとつは、自分というものを表現したいという衝動とか欲求を感じて、なんらかのフォルムにおいていわば自分で自分を客観化する、いいかえれば自分を自分自身に対立させるもの（中略）自己表現の手段」（九五頁）であり、もうひとつは遊びを重視したもので、「自分というものを表現することは問題ではありません。問題はむしろ、自分というものを忘れて、まったく別なもののなかにはいりこむことだ、とすらいえる」（九六頁）。例をあげれば、前者はヴェルディやベートーベン、後者はモーツァルトの音楽である。

インタビュアーのクリッヒバウムはこの見解について、やや首肯しかねる態度を取っている。それも当然であろう。ファンタジー文学のそれまでの発展を考えれば、「遊びとしての芸術は（最初の段階をのぞけば）ありえない」というクリッヒバウムの言葉は、ある重要な指摘を含んでいる。

なぜなら、J・R・R・トールキンがいわゆるモダン・ファンタジーのジャンルを打ち立て、従来のような、子どもや一部の詩人的な感性を持つ読者にとどまらぬ多くの支持層を獲得することができたのは、『指輪物語』が気ままな神話的空想ではなく、「ファンタジー小説」を目指したからである。彼の作品はおおもとの〈中つ国〉の架空設定さえ、異国の歴史的基盤のようなものとして受け入れることができれば、その上にちりばめられたディテールはまったくリーズナブルなものであり、その世界での「日常」たりうる堅固さを持っている。彼は、想像の世界を夢に見るのではなく、「準創造」（sub-create）することによって、それを現実と同じく客観的に対象化してみせることができたのだった。

ドラゴンであろうとエルフ族であろうと、魔法の指輪であろうと、それらにはまことしやかな背景と来歴が付与されており、もうひとつの現実（第二世界＝secondary world）の存在として、読者が真向かうことのできる、安定した対象性を得ている。だから、トールキンの作品ほど実写映画に適したものはなかった。

ところが、エンデは主観と客観の対立をそもそも疑ってかかっている。「私たちは二百年間というものおよそまちがいだらけの発展を体験してきました。外には、私たちがいなくても私たちの意識がかかわりあわなくても存在する客観的現実というようなものがあるんだろう、そしてこちらの内面には、世界がなくとも存在する主観的現実があるんだろう、こんなふうに想像するわけです。私にとって世界と人間の意識とは、同じ一枚のメダルの表と裏にすぎません。一方の面はまったくもう一方の面しだいです」（河野みどり訳「ファンタジーの森にあそぶ」、『ユリイカ』八八年六月号、一〇二頁）

このような哲学的世界観からすれば、「物語」とはどのようなものであるべきか。

どんな本も、読者が知ってか知らずか自分自身を投ずる一種の鏡です。二人の人間が同じ本を読むとしたら、実際には二冊の本を読むことになる（中略）逆に読者もまた本を映し出す鏡だ。私にとって本来とくに重要なのは、読者とその本とのあいだに生ずる事柄を意識の中に移すこと、読者とその本とのあいだに起こるこのような磁場を感知させることです。

（同前掲、一〇四頁）

エンデが書きたいのは、読者とのあいだにピンポンのように（あるいは鏡像のように）受け渡され続ける〈物語〉の無限反復的構造、そして読者と登場人物のウロボロス的円環の様相である。それだからこそ、バスチアンが本の中に引き入れられるまでには長いプロセスが必要とされ、アトレーユの波瀾万丈の冒険は、〈幼ごころの君〉によれば、バスチアンを彼に同一化させ、こちらに引き寄せるための魅力的な餌にすぎなかったのだ。主人公アトレーユにとっての生身の「冒険」は、読者バスチアンにとっては「物語」である。だが、その「物語」が彼を変え、大いなる生身の「冒険」に連れ出す。通常の読者の立場から抜け出し、物語の創造者にして主人公となった（このアンビバレントな立ち位置はなかなかに苦しい）バスチアンは、物語を即興で語り、新ファンタージエンの歴史や地理を瞬時に作り出し、また改変し、よかれと思って他の登場人物の願望をかなえてやる。だれもが自分の物語を求めているのだからと、気前よくそれに手を貸してゆく創造者。だが、ここで遊びの自律性に引き込まれすぎた創造者は、みずからが何であったのか、すなわち窮屈に対象化された「自分＝登場人物」を忘れてゆく。物語内の一登場人物たることと、創造者たることは両立しがたい。読者から観られる立場になったバスチアンを、どのように登場人物としてまっとうさせればよいのか、作者も悩んだところであろう。創造としての「物語論」（自分を持たない遊びの自律性）と、物語のダイナミクス（一貫性を持つキャラクターのドラマ）を化合させようとして、創造者にして読者たるエンデは苦戦を強いられた（これに対し、『モモ』のモモは、来歴をもつ主人公ではなく、世界外的語り手であったので、彼女の語る物語の「鏡」性を、読者はモモ自身に投げ返すことなく、すなおに享受することができた）。

エンデが自縄自縛に陥りがちであったこの「遊びの自律性」。めくるめく奇想の連続へと読者を投げ渡しつつ、そこから戻ることをも困難にする創造の力とは、彼の場合、それは形ある神話や、言葉による語りの文学ではなく、制約のない「ヴィジョン」であった。

絵にならないものは書かない

「私が重視しているのは、自分の経験において絵に転換されるものだけしか書かないということだからです。（中略）いつも避けたいと思っていることがあります。説明はしたくないのです。私は本のなかで説明をするつもりはありません。（中略）読者が受けいれることのできる絵、あるいは読者がそのままにしておける絵、要するに絵物語にうまく転

換できないなら、むしろ私は書くことを断念します。」（『闇の考古学』、一五一－一五二頁）

この「絵」の原語はBildである。『はてしない物語』後半のもろもろのエピソードは、まさにこの発言に忠実に描かれているように思われる。夜の森ペレリン、色のある砂漠ゴアプ、日々死ぬ石のライオン、醜い芋虫の涙が生んだ銀の都、絵画が埋まっている、雪の下の採掘坑。いずれも鮮烈なヴィジョンである。さらにデビュー作「ジム・ボタン」シリーズについて言うなら、こちらは物語論の自己参照をもくろまなかったぶん、より自由奔放にヴィジョンの奇想が展開されており、マンダラ国の職人が一生掛けて作り出す何重にもなった象牙玉、遠ざかれば遠ざかるほど大きく見える「見かけ巨人」、水陸両用の機関車が出産して生む赤ん坊機関車など、数珠つなぎの奇想天外なヴィジョンが目の前を通りすぎてゆく。

私はエンデがファンタジー史に果たしたもっとも大きな役割は、この「ファンタジー＝絵」という断言にあったと思う。むろんそれ以前にもC・S・ルイスが、『ナルニア国ものがたり』は、傘をさしたフォーンの絵から始まったと打ち明け、J・R・R・トールキンが自作の物語の挿絵や地図を描き、なおかつ想を練るために詳細に図面をひいたことは知られているが、それにしても、それは「語りの物語」の副次的産物にすぎなかった。*3

しかしエンデは語りの言葉よりも根源的なものとして、「絵」を指さす。

「そもそも概念とは、殺された絵だったわけです。絵というものは、以前から存在しており、生きており、多義的なわけですが、まずそういう絵が死のプロセスのなかにはいりこみ、最後に息の根をとめられたときに、はじめて私たちは概念にたどりついたのです。」（前掲書、五七頁）

「絵そのものがすでに、伝えられるべき内容なのです。絵言語を読むことを、私たちが忘れてしまっただけなのです。いつも私たちは、もはや絵言語をストレートに聞くことはなく、ストレートに知覚することはないと思いこみ、絵言語を一義的な概念言語に転換しなくてはならず、そうやってはじめて理解できるのだと信じ込んでいます（中略）絵言語のほうが、根源的で、生きたものなのです」（同前、一三九頁）

「イデーがまだ生きている場所、イデーの生まれ故郷」（五七頁）にある絵を、抽象化して得られた「概念」。それは「殺された絵」だと彼は言うのである。より根源的な真実として、「絵」がある。

『はてしない物語』刊行の三年前の一九七六年、家庭用録画装置ＶＨＳが誕生している。以後じわじわとヴィデオが普及してゆき、ソフトとしての映画のみならず、子ども向けのTVアニメや特撮番組が、サブカルチャーの対象として個人の手元に蓄積されはじめる。そのころに育った世代は、もとより映像に対する親和性が高く、彼らの生まれる前に撮られたSFやファンタジー映画の膨大なソースにも自由にアクセスできるようになった。

ほぼ同時期に大がかりなSF特撮映画『スター・ウォーズ』（一九七七）、『スーパーマン』（一九七八）のシリーズが始まっている。映像テクノロジーの発達が、視覚の優位性を押し進めるいっぽう、児童文学ファンタジーにおいてもD・W・ジョーンズの一二の並行世界を持つクレストマンシー・シリーズや、M・マーヒーの（二次元と三次元を往還する）『危険な空間』など、全く現実依拠的でない脳内映像的なファンタジーがあらわれ、また九〇年代に入ると、小野不由美の『十二国記』シリーズをはじめとして人工的なゲーム性の高い異世界シリーズが生まれている。さらに映像分野では『ネバーエンディング・ストーリー』の後、『バットマン』『シザーハンズ』などのSFや、リアルな実写感を持つアニメの『攻殻機動隊』が続く。

『闇の考古学』

一九八三年の東京ディズニーランド開園も、この時期の大事件として見逃すことはできない。視覚化され得るものは巧妙に、「現実」内に居住権を獲得してゆく。

そして一九九七年の『ハリー・ポッターと賢者の石』出版の頃から、「ネオ・ファンタジー」と言われる作品群の時代が始まるが、この時期には『ハリー・ポッター』シリーズや『黄金の羅針盤』のような新しい作品のみならず、『指輪物語』『ナルニア国ものがたり』『チャーリーとチョコレート工場』『タンタンの冒険』など前世紀のクラシック作品もつぎつぎに映像化されていった。最初から映像化を念頭において書かれたような作品も増える。R・イーザウやK・マイヤーらエンデの衣鉢を継ぐドイツのファンタジー作家も含めて、彼らの語る言葉は直接的に「絵」の写しであり、提出されたヴィジョンのひとつひとつは断片的な起爆力を持つが、語りによってそれらが何らかの意味の重石をつけられることはなくなり、たとえば旧時代のC・S・ルイス作品に見られるような「おせっかいなナレーター」によるメッセージや哲学の開示はない。語りの文学の時代から、絵の文学の時代へと、時代は大きく舵を切ったのである。

きたるべき世界は想像（Phantasie）からしか生まれない――『サーカス物語』

三つ目に魔法のことに触れておく。トールキンからエンデ以前までの時期、すなわち第一期において、魔法についておそらく最も深く考えをめぐらし、独自の魔法観を提示した作品はル＝グウィンの『ゲド戦記』（第一巻『影との戦い』が一九六八）であろう。魔法使いはすべてのものに秘められた「まことの名」を知る（場合によっては名づける）ことによって、外界を支配し、制御する。これは人名のみならず、自然界のさまざまな物質の場合にも適用され、「海水の一滴一滴にいたるまで、その真の名を知らねば、海の長にはなれ」ない。この魔法における「まことの名」は、秘儀とはいえきわめて情報的なものであり、それは特別な個人的用法を持っていない。世界は検知され、突き止められるべき外的対象であり、主体者はそれに向かって働きかけるのみである。

ところが、エンデの『魔法の学校』（一九九四）における魔法はがらりと様相を変える。魔法使いどうしが共有できる「まことの名」のような共通キーはすでに意味をなさない。求められるのは、自分であることだ。ほんとうの「自分」でいて、ほんとうの「自分の望み」を知っていたら、なにもしなくても望みがかなってしまうのだ、と魔法の学校の先生は説明する。

1、ほんとうに望む（wünsch）ことができるのは、できると思うことだけ。
2、できると思うことは、自分のお話（Geschichte）にあう（gehört）ことだけ。
3、自分のお話にあっているのは、ほんとうに望んでいることだけ。

（佐々木田鶴子訳）

この循環論法が示すのは、またしても対象化しえないものであり、それらを回す輪は「望む力」（Wunschkraft）である。そもそも、この魔法学校そのものが「望みの国」にあり、昔の魔法使いはすべてそこからやってきたのであるという。バスチアンが「望む力」を失ってゆくのは、彼が「自分のお話にあわない」ことを望んだせいなのだろうか。

エンデの言う魔法は、全く個人的な思いの真核に属する力だ。それゆえ魔法の法則はきわめてゆらぎの高いものになっており、しかもゲドのように生死の境の門を閉めるというような人類的な巨大な成事を目指していない。生徒たちは魔法の訓練として、自分がモノにつながり、入り込むこと、細かいところまで目に見えるように想像すること、イメージを連想の環（魔法の橋）でつないでゆくようなレッスンを行うのである。

実はこの延長線上に、伝統的な呪文と身振り、そして生来の能力に依存しているように見える『ハリー・ポッター』シリーズの魔法もある。魔法の成否は大きく「望む力」にかかわっている。例えば第三巻『ハリー・ポッターとアズカバンの囚人』にあらわれる「守護霊（召還）の呪文」においては、呪文を唱えるさいに「本当に幸せな思い出ひとつに、全身全霊をかけて集中する」（only if you are concentrating, with all your might, on a single, very happy memory）ことが求められる。その思いの圧が低ければ、呪文を唱えても魔法は発動せず、ハリーは二度失敗する。魔法は個人の記憶のもつ感情の強度に依存しており、それが呪文という方向づけに導かれ、外界に向かって杖の先から発射されるのである。

ハリーは必死で考えた。本当に、本当に幸せな想い出……しっかりした、強い守護霊に変えることができる想い出……。

初めて自分が魔法使いだと知った時、ダーズリー家を離れてホグワーツに行くとわかった時！　あの想い出が幸せと言えないなら、何が幸せと言えよう。……プリベット通りを離れられるとわかった時の、あの気持ちに全神経を集中させ、ハリーは立ち上がって、もう一度箱と向かい合った。*4

『ハリー・ポッター』シリーズばかりではない。魔法が〈まことの言葉〉であった時代から、エンデの「絵」を経由し、さらに二一世紀にかけて『レイチェルと滅びの呪文』（C・マクニッシュ、二〇〇〇）シリーズや『マインド・スパイラル』（マタス&ノーデルマン、一九九五）『ペギー・スー』シリーズ（ブリュソロ、二〇〇一-）などの児童文学ファンタジーにいたると、力（魔法）とはずばり脳内イメージである。頭の中で想像したイメージを投射することが、外界に力を及ぼす。読者はあたかもアニメのモビルスーツのごとく主人公の体をまとった状態で、その魔法を個人的に体感してゆく。物質世界が、心の目で見るとおりに自在に改変されてゆくのは、さながら脳内空間でのイメージ体験に似て、現実はとてもやわらかくなっている。この感覚の背後に、作者読者含めて電脳画面上でのゲームやCG体験が横たわっているのは言うまでもないだろう。

一例をあげるなら、ガース・ニクスの『サブリエル　冥界の扉』（古王国記シリーズ、一九九五－二〇〇三）[*5]のヒロインは、心の中で、鍵をはずして扉を開けるための単純なシンボルを思い描き、それを指先から鍵穴に向けて放つ（三一五頁）、あるいは水を注いだ杖を横にふると、空中に水でできたスクリーンがあらわれ、それに見たいイメージを映しだす。あるいは大詰めで、死霊となって支配を企てた悪王が何百年も保存していた肉体に戻るものの、サブリエルの魔法の輪にしめつけられて「銀の輪が肉をこそげ落としながら下がっていくさまは、まるでリンゴの芯抜き器が腐りかけた死体から死霊をくり抜こうとするかのよう」（四六一頁）など、描写自体もとことん見尽くすことにかかわっている。もはや煙や闇の中で朦朧と事が行われたりはしない。死霊の姿も冥界も具体的にハッキリと見えるのであり、見えたことだけが存在している。これらの魔法シーンでは、魔力を外界に放つのではなく、外界を脳内空間的体験に還元することこそが、ファンタジーの作業であることが示されており、ロゴス＝言葉の時代から、より根源的なものであるイメージへと、世界把握そのものが遡行してゆきつつあることを感じさせられる。

そしてその大きなターニングポイントとなったのが、濃密なヴィジョンと願望に裏付けられた、エンデの魔法観であると言ってまちがいではないだろう。

以上を再度、概括するならば、ファンタジー第一期を代表するトールキンを詳細な第二世界の準創造による「虚構の自立化」、第二期をエンデを筆頭とする「虚構の可視化」、そして第三期『ハリー・ポッター』シリーズ以降は映像やテーマパークを含め、「虚構の環境化」の時期ととらえてよいように思う。トールキンによって神話的混沌の中から近代理性の中へと引きあげられた物語は、エンデによって再び無意識の混沌の中に沈められて「絵」に還元され、同時に魔法もまた壮大な知的体系であることをやめ、個人の願望のエネルギーへと立ち返ってゆく。ファンタジーは時代の精神の写しであるとともに、もっともかろやかにもっとも敏活に、時代の息吹を呼吸する皮膚であると言えるだろう。

＊1　ミヒャエル・エンデ他『ミヒャエル・エンデ　ファンタジー神話と現代』樋口純明訳、人智学出版社、一九八六、二二頁より引用。

＊2　ミヒャエル・エンデ、イェルク・クリッヒバウム『闇の考古学』丘沢静也訳、岩波書店、一九八八（原著は一九八五）

＊3　「人間が創る芸術のなかでも、ファンタジーは特に言葉、つまり本来言葉の芸術である文学にゆだねるのがもっともよい。たとえば絵画だと、心に描いた不思議なイメージを視覚的に表現するのはかんたんすぎる。手が先走って心に勝ったりするのである。その結果、ばかげた作品や病的な作品ばかりできてしまうのだ」J・R・R・トールキン『妖精物語の国へ』杉山洋子訳、ちくま文庫、九〇－九一頁

＊4　『ハリー・ポッターとアズカバンの囚人』松岡佑子訳、静山社、二〇〇四、三四七頁

＊5　文中のページ引用は、ガース・ニクス『サブリエル』原田勝訳、主婦の友社、二〇〇二より。

第5章　元型とミセス・ブラウン
――あるいはアニメ映画というファンタジー

『ゲド戦記』のアニメ（スタジオジブリ、二〇〇六）を見ながら、今回もいつものような不思議な心持ちに誘われてゆく。最近のアニメーション作品のつねとして、背景はあたかも実写をトレースしたごとくに奥行きと既視感があり、ヨーロッパ世界あるいはアラビア、中国などの神話的東洋にかかわるなつかしい記憶世界の総体を喚起し、物語はそれに支えられていると感じさせる。だが、そのあたかも現実そのままを引用してきたような世界の前景では、うすっぺらなアニメのフィギュアが様式化された顔と輝く目、可塑的な身体とカテゴリー化された服装をもって動きまわっているのである。この二層性は一種かろやかなもので、「ほんとうの」現実を見ている気分と、「子どもだましの」「うその」マンガの世界を見ている気分とがわたしの中で交錯し、それが交互に心の層の表面に浮上し、物語冒頭ではそれは水と油のようにとけあわないものに感じられるのだが、見ているうちに、一種の変性意識状態のようなものに引きこまれていく。それは現実と思っていたものと、フィクションと思っていたもの、重たいエネルギーと軽いエネルギーがまじりあい、世界の新しい見方へとわたしを導いていくものでもある。

もしかしたら、前景のこれらの人物たちのようにかろやかに、世界表面を動きまわることができるのではないか。後景の物質世界にはまりこんでいるのではなく、そこからはじきだされるような形で、つまり、その内部にかかえこまれているのではなく、その外部にいて（いることのできる可能性を持ち）、この世界を探索し、生き、変えていくことができるのではないか、というような気分だ。

これは昔のアニメーション、たとえば『宇宙戦艦ヤマト』のように、後景もりっぱにアニメ的な絵であり、前景と同質であったような一層的世界では起こり得なかった感覚だ。最近のアニメの映像技術はますます向上し、中、後景の立体度が強まり、現実（実写）との境界がなくなりかかっている、しかし一般青少年をターゲットとするかぎり、前景に、つねに斜め顔のプロフィルで描かれやすいマンガ様式の平面キャラクターたちを残さざるを得ない。これを押井守監督などはたいそう嫌悪しているようだが、わたしはこの独特の二重の様式を重ねあわせたジブリ風アニメを、それがもたらす奇妙な変性意識状態もふくめて、独特の得がたいものと思う。

それと同時に、『ゲド戦記』を見ているかぎり、現実よりも奥深く美しい空や、清爽な野の描写、中央アジア風の街のあまりにも射程の深い描写などの前を行き来する、ぺらりとしたキャラクターたちというこの在り方ほど、原作『ゲド戦記』を裏切っているものもない、と感じたこともまた事実だ。原作がほかのファンタジーであれば、そこまで原作をみごとに裏切るという効果はあらわれなかったろう。

そこにル＝グウィンの独特のファンタジー観がはからずも痛切にあぶり出されたことを、あらためてつくづくと感じながら、試写を見ていたのである。

☆

ル＝グウィンのファンタジー観は『夜の言葉』以来、わたしを呪縛し、導いてきたものでもある。それはファンタジーの唯一の存在理由でないにしても、少なくとももっとも説得的なもののひとつであり、J・R・R・トールキンやC・S・ルイスが語りえなかった部分をみごとに言語化しているものでもある。

一般的な通念では、物語のなかに竜やヒポグリフが登場すれば、ケルトか中近東の中世のようなおもむきのある舞台設定であれば、また、魔法が通用していれば、それだけで、その作品はファンタジーとみなされます。これは誤解です。……（中略）……実際にはなにひとつ想像力で作り出すことをせずに、ありとあらゆるファンタジーの飾り物を使う作家が出てくるのです。

（「エルフランドからポキープシへ」）

つまりファンタジーとは、いろいろな既成の世界の断片的引用であってはならず、作家が総体として一貫性のある世界を発明し、一個の有機体のごとく作動させなければいけない、とル＝グウィンは考えているのである。ドラゴンや魔法の品物を出してくれれば、それでファンタジーだ、と考えてもらっては困る。そうして、その世界が真にあらたな作家の創造物であるか、それとも借りもののつぎはぎであるかは、文体を見ればわかると言い、トールキンやＥ・Ｒ・エディスンを賞揚する反面、キャザリン・カーツをやんわりとけなしている。

では、この文章（筆者注――感覚的厳密性を欠いた、曖昧で一般化された文章）はいったいなにに適合するのでしょうか。ジャーナリズムです。つまり、これはジャーナリスティックな文章なのです。ジャーナリズムにおいては、作者の個性と感性は意図的におさえつけられます。目的は客観的印象を与えること。すべては、速く書け、より速く読めることを中心に考えられる。このテクニックは新聞にとっては正しいものです。小説には不適当、ファンタジーにとっては致命的と言えましょう。当面の日常的な事柄を表現するための言葉が、根源的な遥かなる存在の表現に適用される。惨憺たる結果になるのはいとも当然です。（同前）

この態度はもっとも新しい評論集『ファンタジーと言葉』にいたるまで一貫しているように思われる。想像力だけによって、純粋な別世界を創りあげることをファンタジーの要諦とする彼女は、そこにもしも、よその世界から借りてきた異質な小道具や常識的なルール、月並みな描写があれば、当然ながら、その非整合性を突く。彼女の物語を支えている骨格は、その世界の構造人類学であり宗教観であり、ひとびとが世界をどうとらえ、何を信じているかということであり、別世界はいわば空中にうかんだスフィアのようなまったき世界として、現実のさまざまな考えかたや夾雑物を拒絶し、自足、自立しているべきだ、ということになるのであろう。

文章も含めて、それはひとつの完璧な世界観システムとして動くべきものである。リアルで緊密で独特の閉じた世界だ。だが、ここで『ゲド』三部作を初めて読んだ大学生だったころにわたしが最初に抱き、いまも払拭できない違和感に触れておきたいと思う。それは、白状するが、わたしがゲドにほとんど感情移入できなかったということだ。物語にゲドの内面が描かれていないわけではないが、かれは傲慢で無愛想な寡黙な男で、ヴァルネラブルな（とっつきやすいと言いかえてもいい）ところはほとんどなく、容姿はといえば、まるで神々しくも美しくもなく、背も低く、かといって逆の神性を付与する醜さすらなく、わたしがそれまで読んできた英雄叙事詩やファンタジー小説とは深いところで異質であった。つまりかれにはヒーローの刻印が押されていなかったのだ。フロドのような（アンチ？）ヒーローのもつ気高い受容性のようなものもなく、ただル＝グウィンの設定した世界観が張りめぐらす糸の上をすべってゆき、決してそこから逸脱することのない堅実な手ゴマという印象のほうが強かったのである。

ル＝グウィンの語る別世界観は納得のゆくものだ。だがその中で活動する人物、キャラクターについて彼女はどう考えているのか。ある意味、生身すぎるような、ことさら汚なづくりにしているようなゲドやテナーらの描写はいったい何なのか。

この点に関しては、わたしは微妙な矛盾が彼女自身の中にあるようにも思うのである。「英雄」とは世界内存在であるけれども、むしろその世界を改変する、侵犯するものではないのか？　そこからはみだし、物語の均衡を破ってでも、かれ自身の運命を創造してゆく、大いなる（異種的な）存在ではないのか。わたしの素朴な気持ちは、読みすすめるうちにゲドによって否定されていく。かれは少年時にはなみはずれた魔法の才を持つ英雄の器であったかもしれないが、魔法を学ぶうちに世界にあわせて自分の身の丈を切り詰め、適応してゆき、それを成熟と呼び、やがて世界を救って個人の力をすべて失う。この物語は、確かに個人の成長と適応の物語としては正しいが、神話やロマンスや、あるいは多くの活劇的ファンタジーのもつ、わたしたちを一種不可思議な力でゆさぶる「英雄性」「カリスマ性」はどこへ行ったのか。それともそうした人物は、ル＝グウィン流の異世界ファンタジーでは必要とはされないのだろうか。

☆

おとぎ話の主人公には正しいふるまいなど存在しないのです。行動の体系がありません。……（中略）……ふつうおりこうな女の子はおばあさんをかまどに押しこんだり、そのおかげで善い報いを得たりするでしょうか。……（中略）……

おとぎ話の世界には善いことと悪いことはありませんが、別の規準があって、おそらく適切さと呼ぶのが最もふさわしいと思われます。どんな条件のもとであろうと、おばあさんをかまどにおしこむことが道徳的に善いとか、倫理上正しいことだと言うことはできないでしょう。けれどもおとぎ話のなかでのことという条件をつけ、元型の言語を使ってとの前提であれば、なんのやましさもなく、そうすることが適切かもしれないと言うことができます。なぜなら元型の言葉で言う魔女はおばあさんではなく、グレーテルも小さな女の子ではないからです。両者はともに心の一部分であり、魂という複雑なものを構成する要素なのです。……（中略）……

十九世紀二十世紀の多くのファンタジー物語では善と悪、光と闇のあいだの緊張が極度にはっきり、二つの勢力のあいだの戦いとして描かれています。善玉対悪玉、おまわりさん対泥棒、キリスト教徒対異教徒、英雄対悪漢というように。こうしたファンタジーの作者はむりやり理性を道案内に立てて、理性には行けるはずのない所へと向かい、本来ついていくべきであった忠実だけれども恐ろしい案内人である影を見捨ててしまったのだとわたしは思います。こういうものは偽のファンタジー、合理化されたファンタジーです。

（「子どもと影と」）

ファンタジーを無意識の世界への危険な航海と呼ぶル＝グウィンはここで、深層心理学が無意識と密接に結合させるおとぎ話を引き合いにだし、そこでは人物が「元型」であることを示す。しかしそれは「光と闇」「英雄対悪漢」のようないわゆる物語文学上の類型とは違っているわけだ。ではゲドやテナーは元型であるのか？　もしも『ゲド戦記』の最初の三巻が口承文芸の形になり、シンプルな筋のみが、背景世界の描写などほとんどすっとばして語られるのであれば、神話の元型になりえたであろう、ということは言える。特に地下世界に呑みこまれて無意識の闇の中を彷徨していた女性が、意識の光を注ぎこまれ、個性化するという二巻の過程は、ユング派のエリック・ノイマンなどが述べているように、ギリシア神話のプシュケーの物語と同じ構造を持ち、神話に深く通じている。

ル＝グウィンは類型ではなく、こうした元型を描くべきだ、と言っているようでもある。しかし、元型を描くことはそのような神話やおとぎ話といった語りの文芸に可能であっても、小説においては無理がある。なぜなら、そこでは背景世界が、世界観も含めて偽史のごとくに綿密に設定され、書きこまれて、あたかもほんとうにあるかのように創作されなければ、どうやら彼女は満足しないからだ。そこにおとぎ話の平面的主人公を放りこむことはできない。

同じ『夜の言葉』におさめられた「ＳＦとミセス・ブラウン」というエッセイはそのあたりのジレンマを作家がみずから吐露したものとも読める。ミセス・ブラウンとは現実世界の市井のめだたない普通のおばさんだが、背後には人生の厚みを持っており、純文学の主人公たりえる存在だ。ＳＦやファンタジーはミセス・ブラウンを登場させられるか、というのが彼女の問いである。（現実の重たい存在である）ミセス・ブラウンが乗りこんだとたんに、宇宙船はブリキの玩具としか思えなくなってしまうのではないか。そして「文学の世界に、ミセス・ブラウンをまったく持たない、まったく持ちえない分野があるとしたら、それはファンタジーです。民話やおとぎ話、神話などの、現代における正統の子孫であるファンタジーです。これらのジャンルは、人間を扱うのではなく、元型を扱うものです。妖精の国の真髄、本質はなにかと言えば、そこにはミセス・ブラウンがいないということです」。

しかし、ファンタジーの中にミセス・ブラウンを何とか書きこみたい、と彼女はひそかに思っている。それは型ではない、個人であるべきだ。作家としての自分がどのように人物を書くかという点に関して、彼女は『ファンタジーと言葉』の中では、キャラクターとの内的なつながりができなければ物語は書けない、その人物によって自分を「身体の形《エンバディー》で表わす」、つまり身体的に一体化できる人物を見つけることが必要で、それは恋愛にも似ている、と明かすのである。それはひじょうになまなましい、肉体をそなえた現実的な人物（ミセス・ブラウン）を体験することであって、それが「こよなく美しい」女王や「無双の勇士」たる以外に描写の言葉を持たない元型的英雄たちと異なることは明らかだ。ファンタジーは、往々にして、そうした昔話の（人間ならざる）元型たちを、願望充足の路線にそって配置することで、市場価値を作ってきた。それを非難し「物語がありふれた経験やみなの知っている現実から遠ざかれば遠ざかるほど、願望充足は難しくなります。物語の本質的なアイディアはよけいに、ありふれた経験やみなの知っている現実に基づかなければならなくなるのです」（「わたしがいちばんよくきかれる質問」『ファンタジーと言葉』所収）と主張するル＝グウィンは、ジレンマに追いこまれている。別世界を完全にリアルに設定しようとすれば、それはミセス・ブラウンを包摂できるような、もうひとつの疑似現実にならざるをえず、すぐれた偽史にはなりえても、ファンタジーが祖先の神話やロマンスなどから（つまり無知な多くの民衆から）うけついだ「英雄」「魔法使い」なる元型を失い、いわば「別世界性」をも失ってしまうのである。

世界とその中にいる人物の関係。それは、ファンタジー小説とその中を動くおとぎ話の元型の関係でもあり、どちらがどちらをより強く規定すべきなのか。

☆

わたしが『帰還』をある意味でたいそう好きなのは、最初の三部作では世界観の構造や要請に馴致してゆくだけであったゲドやテナーが、世界観から離れて、前景できわめて人間らしい横顔を見せるからである。わたしは「英雄」元型を持つファンタジーのほうがもちろん好ましいのだが、そうなるはずの三部作でそれがなんだか満たされず、それはル＝グウィンが世界観のアイデアのほうに重心をかけるＳＦ作家であるからだといったん諦めたうえで、今度は上質の小説の面を見せてくれたことが嬉しかったのである。作者はこれでもかというほど容赦なく、ゲドのただの男としての情けなさを小説的にえぐりだすが、それがある種、かれのもたなかった人間的弱さとして、逆説的に小栗判官ふうの「墜ちた英雄」元型に通じるものにも感じられ、また平凡なわが子らに幻滅するテナーや虐待された少女テルーの無惨で索漠とした現実にも、そこで呼吸をしている彼女たちのぬくもりが感じられ、ようやくかれや彼女らを愛するべきとっかかりが見いだせたのである。

この優しい小説、まったく元型とは無縁のミセス・ブラウンたちを描きだした、前景小説たる『帰還』はそれゆえにいとおしい。しかし、これでアースシーの物語が終わりになるのではなかった。ゲドやテナーたちを容れている世界をやはり規定せねばおさまらない作家ル＝グウィンは、最終巻に向かって、世界観の枠を徐々に広げてゆく。

カメラが、最初の三部作で据えられていた位置よりもじわじわとうしろに下がってゆき、絶対と思われた男性魔法使いの「〈禁欲に支えられた〉正しい魔法による世界支配」におおいつくされていた視野が、女性の魔法である〈知的でない本能的な〉まじないや、魔女的な自然に根ざした共同体が見える位置まで広がり、さらにそれを総括するものとして人類の始まりが解きあかされ、対する竜の生き方が示される。世界を〈均衡〉でもって考える二元論者たる彼女は、個人対共同体、男対女、そして最後に人類対竜という図式をつい使ってしまうのだが、最初に設定していた世界観が、『帰還』執筆までの二十年のあいだに現実の中で彼女の関心をひく諸問題をとりこめるような大きな世界観にスケールアップし、それが物語外の世界、つまり現実の鏡としての機能をもはたすことになっていった点は注目に値する。

ちょっとのぞいてみると、私が見ていなかった間に、アースシーではいろいろなことが起きていた。もどっていって、「現在」何が起きているのか、見きわめなくては、と私は思った。

（『ゲド戦記外伝』まえがき、清水真砂子訳）

現実から独立したフィクションとしての異世界の確立をつねに唱えながらも、それが現実と等価、いやそれ以上に現実の智恵ある鏡であることを意図してしまう彼女の志は、やはりファンタジー作家のそれなのであろう。

☆

ここで問題は、冒頭のアニメの話にもどってゆく。わたしはさきに、深い奥行きを備えたリアルな背景に対するに、前景のぺらりとしたキャラクターたちというこの在り方ほど、原作『ゲド戦記』を裏切っているものもないと書いた。それはまさに文字通りの意味でそうなのである。

様式化された独特のアニメ顔、既成の枠内にあり、安心して見ていられる、わかりやすいかれらの表情、その他このジャンルが発達させてきた独特の技法、そうした非現実的な類型描写は、おそらくル＝グウィンが苦々しく思う、多くの商業主義的ファンタジーのものでもある。「作家たちは実際に自分の想像力を使うことをせず、何もでっちあげないで、ただ願望充足のゲームの中で元型をあちこち動かしてみただけ」（「わたしがいちばんよくきかれる質問」『ファンタジーと言葉』所収）と言うとき、もうすでにル＝グウィンは元型よりもミセス・ブラウンを取ろうとしている。『夜の言葉』執筆のころには彼女はまだ、ミセス・ブラウンよりもむしろ「（その作品が独自であればあるほど）物語の登場人物、人物像、イメージ、モチーフ、プロット、出来事が、神話や伝説の素材と一目でわかる類似を示したり、まるでその複製のようにさえ思われたりするのです」（「SFにおける神話と元型」）と元型の力を賞揚し、また『フランケンシュタイン』や『ターザン』のような近代の小説の中にも元型を認めて、作家は無意識の中へ下りてゆかねばならず、そうすれば元型と出会うことになる、と言い、このレヴェルに達して初めてSFは現代の神話となれるとまで述べていた。しかも、こうした新しいエンターテインメント小説を「亜神話」とまで名づけていたのだった。

しかし別世界に現実的リアルという具体性、一貫性を求めるならば、その元型の上にも少なくともミセス・ブラウン的肉付けをまとわせなければ、ル＝グウィンは満足できない。とすると、ジャンルの約束事の中から成長してきた、類型としか言いようのないアニメ的な容姿や、顔を見ただけでどういうふるまいをするかわかる「元型的」な描きかたは、『ゲド戦記』原作者の目には、すみずみまで完璧に作家の想像力で練りあげられた一貫した世界ではなく、後景と前景、世界と人物の分離した商業主義的ファンタジーそのものに見えるのではないだろうか。

アニメ『ゲド戦記』の人物たちは、原作のような世界内存在ではない。アレンもテナーもテルーもゲドも、別のどのアニメ作品の中に放りこんでもちゃんと作動し、機能する、後景から浮きあがった「キャラクター的」存在、手にとることのできる元型的フィギュアだ。世界にしっかり根ざしていた原作のゲドやテナーを、現代小説の世界に放りこむことはできない。かれらはアースシーの世界観をホログラム的に体現した、ミクロコスモスだからだ。しかし、完全に二層化したアニメの画面は、世界と人物を断ち切り、前景のかれらをやや宙に浮いたもの、この背景世界から自由なもののようにも見せる。

そのありかたを商業的ファンタジーと呼ぶにせよ、あるいはアニメ映画の約束事と呼ぶにせよ、そこにはル＝グウィンが閉塞させようとした、荒唐無稽な元型性、世界の中にいながら、世界の枠を破る、デウス・エクス・マキーナ的機能をも持った英雄たるものの痛快（通俗）性、あるいは境界越境性、物語をある意味ぶちこわす存在、そんなものを見てとることができるのではないだろうか。

映画の中でははっきり十七歳と語られながらも十歳ほどの少年にしか見えないアレンや、幼児虐待の過去とは無縁のようにすがすがしくりりしい顔のテルーは、リアリズムの見地から言うとまったく嘘だ。けれどそういう、みんなに心地よい嘘によって（物語の内的論理を無視していいというわけではないが）、わたしはかれらの中に童子神のようなもの、世界をすくう双子の童子神という元型を見せられたのである。荒唐無稽な約束事や型でしか描くことのできない真実、大嘘を楽しみながら、その中に、物語の枠の外なる神が顕現するのを見せてくれる、たとえば歌舞伎の荒事のことを、わたしは唐突にちらと思う。

終始一貫した閉じた別世界システム。それはあるいは現実をさらに出口なしのシステムにリファインしたものと同じではあるまいか。ファンタジー小説を考えるとき、世界観の問題を考えるとき、オープンシステムとクローズシステムの問題は、最後にいつもわたしの心をよぎる。そしてたぶん今回のアニメ『ゲド戦記』はかなりの程度、オープンな映画だったのだ。父殺しの問題も剣の問題も生死の問題も、なにひとつ世界内決着がついていない。そして、あたかも決着がついたかに見えるさわやかなアレンやテルーの笑顔は、あれは重たい設定の現実物語がむなしくなるおさなごの、いわばゼロ地点というべき至福を指さしていた。実写ではできない、アニメの二層様式がそれを可能にしたのである。

参考文献

Ursula K. Le Guin, *The Language of the Night: Essays on Fantasy and Science Fiction*, Peregee Book, 1980.
ル＝グウィン『夜の言葉』山田和子他訳、岩波同時代ライブラリー、一九九二年
アーシュラ・K・ル＝グウィン『ファンタジーと言葉』青木由紀子訳、岩波書店、二〇〇六年
Donna R. White, *Dancing With Dragons: Ursula K. Le Guin and the Critics*. Camden House, 1999.
エリック・ノイマン『アモールとプシケー　女性の自己表現』河合隼雄監修、玉谷・井上訳、紀伊國屋書店、一九七三年

第6章 「モノ」語りの宇宙

――そしてハグリッドはどこにいるのか？

過剰な活力のみなぎる世界

「ハリー・ポッター」シリーズの魔法ならぬ無法とも言える楽しさに目覚めたのは、最初の映画が封切られたあとだ。原作は読んでいたが、滑稽ないじめ描写や、空中サッカーのクィディッチ、トロールのトイレへの侵入、地下の魔法チェス戦などてんこ盛りのアイデアが、児童文学らしくかるがると処理されている手際のほうが印象に残り、各エピソードのインパクトがそれほど強いとは思わなかった。キャラクターも含めて、「マンガ的」な次元での上出来の達成という読後感であったと思う。

ところが、すべての魔法部分を丹念に作りこんだ映像は全く違った。長丁場の上映も何のその、さらにその後ＤＶＤが発売されると繰り返し見た。この無類の開放感はなんなのか。それは少なくとも、いじめられっ子ハリーの「召命」による英雄神話への脱皮に起因する痛快感ではない。キャラクターへの自己仮託や成長物語への思い入れでさえなく、ただひたすら気持ちがよかったのは、離れ小島に逃げ出したダーズリー一家のもとへ、つぶれたケーキをひっさげ、花柄の傘を魔法の杖としてやってくるハグリッドの姿であり、客車の窓外へと逃げ出す蛙チョコレート、大蛇のようにホグワーツ城内をまたぐ階段、体を折り曲げて歌う組分け帽子、蜂よろしく飛び回ってハリーを翻弄するスニッチ、そんなものであり、その無法な乱雑さのもたらす幸福感であった。

つまりそれは、J・K・ローリング独自の「魔法世界とは何なのか」のリアルな提示であり、映像技術は、私が「背景」として読み過ごしていたそれらを克明に拾っていたのだ。心理学者B・ヴィロルは、この作品の生命感について次のように述べている。

『ハリー・ポッター』という作品では、文章を読みつづけることで生ずる思考の流れ（つまり、心のなかのイメージ）は、おもに活動のもつ活力（dynamique d'action）で呼びさまされる。（中略）形容詞のもつ力や、対象のもつ特徴によっているわけではないのである。（五七頁）

なにかを認識するもっとも深い方法とは、活動があらわすイメージ（représentations d'actions）を利用する方法であるように思われる。活動があらわすイメージは、そのあとの思考と行動を決定するのである。（六〇頁）

J・K・ローリングは、活動に集中するこのような活力（dynamique centrée sur l'action）を生みだす書き方を発見することができたのだ。この作品の文学的な価値判断はべつとして、彼女の書き方が、一種のバーチャルな過剰な活力（d'effet d'hyperactivité virtuelle）を生みだすことを認めなければならない。（六一頁[*1]）

ヴィロルのいう「活動に集中する」「バーチャルな過剰な活力」はまさしく、初期からこのシリーズにみなぎっていたものであり、読み返すごとに私の実感は強まるのだが、それは端的に「モノ」自身による場の活性化の力であった。ホグワーツ城内という魔法空間が、ハリーのいたマグル世界から一転して独特の内密な深さを持つとすれば、それは、そこでは呪文が便利な効力を発揮するからではなく、取り巻く環境のすべてが息づき、生徒とともに動いているからである。生命あるもののごとく「真ん中あたりで毎回一回消えてしまうので、忘れずにジャンプしなければならない」階段、動きまわって額から抜け出すこともある肖像画、思い出し玉、選手を叩き落とそうとするブラッジャー、吼えメール、そして「つばの縁の破れ目が、まるで口のように開いて」歌い出す組分け帽子、羽根を生やして飛ぶ鍵、噛みついてくる本、空飛ぶフォード・アングリア、そして「持ち主を選ぶ」杖。しかもこれらのモノは「活動」によって、ホグワーツの空間を活気づけ、エネルギーを励起させるだけでなく、「つくも神」としての自主性を持ち、マグルが作る道具とは一線を画している。例えば空飛ぶ車は、もちろんウィーズリー兄弟によって魔法化されたのではあるが、後にハリーとロンが蜘蛛の群れに襲われると勝手に助けにくるし、「必要の部屋」は人間の願いに応えて開く、アメニティ完備のスペースだ。

西欧近代における「モノ」とは、魔法使いの命令により、あるいは幽霊などに取り憑かれて、動くことはあっても、日本の「つくも神」のように歳をへた器物がひとりでに生命を得ることはない[*2]。その点でも、ローリングの「モノ」たちは異色である。後半の巻には「便利な道具」レベルに分類できる（自動速記羽根ペン、しゃっくりトースター、メモ飛行機など）ものもあるのだが、それらも奇妙に動物的な活性を失ってはいない。

無法に活動しているのは「モノ」たちだけではない。居住するゴースト（「ほとんど首なしニック」「嘆きのマートル」）たちに加え、ポルターガイストのピーブズはたえず場をかき乱し、生徒たちの頭上の空間を埋める。彼らは物語のコンテクストとは相容れない独自のペースで動いており、賑やかなドタバタ劇をくりひろげるとともに、それを見る主人公たちの心の動きをしばしば単線から複線に二重化するというか、いわば線路の切り替えスイッチの役割をも果たす。例えば「ハーマイオニーは、脚が机につかないハリーの短足カップの周りで、自分のカップにきっちり小さな円を描いてジョギングさせながら」（『不死鳥の騎士団・下』、四〇三頁）深刻な事件の収拾について話し合う。「モノ」とのこうしたつきあい方も、マグル世界の単調な感情進行とは違う、心に多重の波動を同時生起させる魔法世界ならではのものである。

空間を活性化するだけでなく、動く「モノ」が勝手に引き起こす、この文脈の逸脱、複線化は、本作の「語り」の大きな特徴ともいえよう。

さらに「モノ」、ゴースト、と並んで物語の場を活性化するのは、生きている魔法動（植）物である（「動く」という点では、すべてのつくも神的「モノ」は動物を模倣し、志向している）。

冒頭から登場するハグリッドは全巻を通じて動物の司であり、〈魔法動物飼育学〉を受け持ち、ドラゴン、三頭犬、大蜘蛛、ヒッポグリフ、しっぽ爆発スクリュートなど危険動物を導入してしばしばトラブルを起こし、シリーズ後半ではついに怪物的な巨人の異父弟を呼びよせてしまう。植物もまた、あばれ柳、泣きわめくマンドラゴラ、ブボチューバー（腫れ草）、臭液を出すミンビュラス・ミンブルトニア、悪魔の罠（魔法省の役人の首を絞めて殺す）と、それぞれが人格を備えたかのように獰猛な生命力を持つ存在だ。おとなしく見られているだけの魔法生物はいない。比較的動きの少ないのはナメクジ、カエル、レタス食い虫などの触覚的な違和感を生み出す小動物だが、その他に「脳みそ」（神秘部の脳の間の水槽の中を漂っているぬめぬめしたカリフラワーのような、半透明の白い物体）のようなわけのわからない生命体もある。これら動物の過剰な生命力の暴走とその描写は、しばしばあちこちで深刻な状況のガス抜きともいうべき「闇祓い」の役割をも果たしている。動物については、また後節で述べよう。

シリーズの生命場スペクトル

ここでマグル界から魔法界までの生命エントロピーをスペクトル化してみると、乱雑さの少ない順に①現実の人間社会のレベル②巨人（ハグリッドも含め）、ケンタウロスなどの半・人間や〈動物もどき〉のレベル③魔法動物や守護霊のレベル④動く「モノ」のレベル、ということになろうか。④に近づくほど、生命エネルギーは制約の少ない、そして無軌道で自由な姿を見せる。基本的に②以下が魔法界のものだが、シリーズが後半に移るにつれ、その活力はマグル界にも広がってゆき、『不死鳥・上』の冒頭では、ダドリーが吸魂鬼に襲われたのち、多種多様なふくろうが、ダーズリー一家を発狂させるほどのペースで魔法省からの通達を運んでくるし、ウィーズリー家では、まね妖怪に翻弄されたロンの母が、家族の死体の幻と大わらわで戦っている。『謎のプリンス・上』ではマグルの首相の部屋で肖像画の男が魔法大臣の来訪を告げ、暖炉からあらわれた大臣は紅茶カップをスナネズミに変えながら、首相を恫喝する。これらの動物やまね妖怪、魔法道具たちは状況を茶化すようなふるまいによって、先述した「闇祓い」の力を発揮するとともに、主人公たちの感情を複線化し、読者にも奇妙な読書体験（状況の意味がひと色に定まらない）を提供している。

シリーズを概観すると、ヴォルデモート復活の第三、四巻あたりから、全体のトーンの暗転が見られる。人間の意志を超えて動く「モノ」や、動物の活動のもつ自由度の高いエネルギーは、支配と抑圧を企む闇の魔法使いたちの「人間的」な意志に押され、物語の後景に退くように見える。アニミズム的生命感を謳歌した第一、二巻からすれば、まさしく暗転である。もちろんこれはハリー目線からの定点観測であり、彼の視野の成長も考えに入れなければならないが、シリーズ初期において読者に開放感を与えたのは、魔法世界が、魔法使い自身の人間的な計らいや頭脳知を超えた深みの上に安らっているという超越の感覚であり、その信頼の多くは「モノ」に託されていたことを思い出したい。

組分け帽子は、独自の叡知によって、生徒の適性を見きわめ、エネルギーを読み取り、組分けを行う。杖はみずから使い手を選ぶ。ダンブルドアを初めとする良き魔法使いたちは、魔法を術として学ばせ、ネズミを嗅ぎたばこ入れに変えたり、物体を浮揚させたりはするが、それは「人間的」な欲望達成のためではない。目に見える以上の深さが世界にはあることを教え、みずからを外部の偶然性と「モノ」の叡知にゆだねるためであって、物理的制約を超越する魔法のテクニックは、哲学的、神秘的な世界観の上に立脚していた。魔法の達人とは、ダンブルドアが典型であるような賢者であり、闇の魔法使いについては道から逸れたもの、修正すべき汚点として語られていた。

だがシリーズ中盤からは、「賢者の石」を放棄したニコラス・フラメルとは逆に、個人の生命の延長を願い、マグルや劣等種とみなすものを虐げ、支配しようとするヴォルデモートのような、ある意味マグル的な欠落感と偏差を抱えこんだ魔法使いたちが台頭してくる。『不死鳥・上』で、ホグワーツに乗り込んでくる高等尋問官のアンブリッジ女史は、〈闇の魔法に対する防衛術〉を空洞化し、集会の禁止、密告の奨励、規律の墨守を求める官僚的で感性のない人物であり、どうしてこのような典型的なマグル人格に、叡智と結びつきうる「魔」力が備わっているのか、私には最初、合点がいかなかった。ここでローリングは「魔法使い＝賢者」の定義を変えたのか、あるいは魔法使いとは単なる異能力人種に過ぎなかったのか？　魔力を持つとは、自身の不可思議な深淵に錘を下ろしている人間のありようだという（シリーズ前半の）仮定は揺るがされる。アンブリッジは「死喰い人」ではないが、ケンタウロスや巨人、狼人間のような半・人間を弾圧し（「反人狼法」を起草）、画一主義を尊ぶ、いわば権力を持ったダーズリーに過ぎない。

そしてその裏ではヴォルデモート一派が勢力をのばし、純血を誇るマルフォイやブラックの一族を味方に取り込んでゆく。魔法は世界の根源との戯れではなく、敵対勢力を倒すための武器となり、ハリーもＤＡ（ダンブルドア軍団）の組織を作って、生徒たちに戦い方を指南する。こうして光と闇の戦いが、シリーズ後半を牽引する主題となるが、それは本来マグル世界の抗争の典型的なテーマであったはずだ。

第五巻がアンブリッジの差別主義も含め、②と①の中間であったとすれば、第六、七巻のドラマは、ヴォルデモートとハリーの両陣営の最終戦争という①のレベルに移り、ダンブルドア、スネイプ、ドラコらの心の葛藤もきわめて「人間的」に描かれるために、全篇を（「モノ」の開放感とは逆の）息苦しいトーンがおおう。魔法使いたちは「姿をくらますキャビネット棚」や「分霊箱のロケット」などの「モノ」を目的達成に有用な道具、しかも自己の欲望を満たすためのツールとしてのみ用いているかのようだ。

しかしながら実は希望はある。つまり最後の二巻についても、テクストを丹念に追ってみれば、「モノ」や動物が、主たるコンテクストのわきで、ノイズのごとく執拗に活動し、深刻な議論の足を引っ張り、ハリーにひと息つかせ、また読者の呼吸を笑いで深くしてくれていることは見逃せない。紙数の関係で詳しい例を引けないのが残念だが、ダンブルドアの葬儀の時でさえ、巨人グロウプがハグリッドの頭をこづいて、椅子を地面にめりこませるので、「ハリーはほんの一瞬愉快になり、笑い出したくな」（『プリンス・下』、四九〇頁）る。「モノ」や動物は、魔法使いたちの道具や背景になりおおせることは決してなく（あたかもそう見える場面もあるかもしれないが）、物語の歯車を回しつづける。例えばハッフルパフのカップを取りに入ったグリンゴッツ銀行から、ハリーたちが脱出できる（『死の秘宝・下』）のは、たまたまそこに居合わせた盲目のドラゴンの暴走のおかげである。

そして何より象徴的なのは、最後に戦いの帰趨を決したのが、ヴォルデモートの知略でもハリーの自己犠牲でもなく、みずから主人を選ぶ「杖」の意志であったという事実だ。この長大な魔法物語は、④のレベルの「モノ」に始まり、①の人間の次元にさかのぼったあと、ふたたび④の「モノ」に回収されて終わったのである。これは表層の人間ドラマに呑み込まれることなく、魔法物語としてのみずからを全うした、まことにぶれない作品であるといえよう。

動物の三相

ここでは「モノ」と並ぶ感情複線化のトリックスターとしてではなく、動物本来の力について語った第三巻『アズカバンの囚人』に注目してみたい。冒頭ではハグリッドが〈魔法動物飼育学〉の教師に、そして狼人間のルーピンが〈闇の魔術に対する防衛術〉の教師に就任している。ハリーは両親の死のトラウマから、車中で吸魂鬼に襲われ、ヴォルデモートに繋がる自己の運命におびえはじめるが、その苦悩を救いにあらわれるのは動物である。

「ハリー・ポッター」シリーズの動物には三つの相がある。一つは個人のペットのフクロウやヒキガエルで、この第三巻から登場する二つは、禁断の〈動物もどき〉と、守護霊である。シリウス・ブラックは、ハリーの両親をヴォルデモートに売り、友人を殺したかどで、吸魂鬼が看守を務めるアズカバンに収監されていたが、その友人が世間を欺き、動物として生きている事実を知り、復讐のために脱獄する。シリウスとハリーの父ジェームズ、そして友人のピーター・ペティグリューは無登録ながら〈動物もどき《アニメーガス》〉の術を身につけ、真犯人のピーターは、ロンのペットのネズミとして一〇年以上、命を長らえていたのである。

いっぽう動物の司たるハグリッドはヒッポグリフのバックビークを授業に用いたさいに、マルフォイに怪我をさせてしまい、バックビークは殺処分を宣告される。動物の力は混沌として制御しがたく、しばしば人間の意志と対立する。

その中で吸魂鬼に悩まされるハリーは、自らも狼人間である教師ルーピンから、守護霊の魔法を伝授される。守護霊とは、Expecto patronum の呪文とともにあらわれる銀色の動物である。

「守護霊は一種のプラスのエネルギーで、吸魂鬼はまさにそれを貪り食らって生きる――希望、幸福、生きようとする意欲などを。――しかし守護霊は本物の人間なら感じる絶望というものを感じることができない。だから吸魂鬼は守護霊を傷つけることもできない。……（中略）……」

「守護霊ってどんな姿をしているのですか？」ハリーは知りたかった。

「それを造り出す魔法使いによって、一つひとつが違うものになる」

「どうやって造り出すのですか？」

「呪文を唱えるんだ。何か一つ、一番幸せだった想い出を、渾身の力で思いつめたときに、初めてその呪文が効く」


（『アズカバン』、三四一頁）

ハリーは自分が魔法使いであると知ったときの歓喜を糧にして、この呪文を会得し、亡父と同じ銀色の牡鹿を出現させ、クィディッチの試合中に襲ってきた吸魂鬼を倒し、最後にシリウスを守ることにも成功する。バックビークはハーマイオニーの逆転時計によって命を救われ、シリウスをのせて空の彼方に消えてゆく。なお守護霊についていえば、シリウスら〈動物もどき〉の術者にとってのそれは自分の変身できる動物と同じであるらしい。

「耐えがたくなった時は……わたし（シリウス）は独房で変身することができた……犬になれた。（中略）連中（吸魂鬼）は人の感情を感じ取って人に近づく……わたしが犬になると、連中はわたしの感情が人間的でなくなり、複雑でなくなるのを感じ取った。……しかし、連中はもちろんそれを、ほかの囚人と同じくわたしも正気を失ったのだろうと考え、気にもかけなかった」（同右、五四一頁）

動物には①の人間的な抑鬱がない。そのためにシリウスは狂気に陥ることを免れ、さらには動物の昇華した姿である守護霊は「プラスのエネルギー」を持ちつつ「絶望がない」ので、吸魂鬼を寄せ付けない。恐怖と戦う力は、動物の単純な欲動の力から来るのである。ドラゴンは獰猛、ヒッポグリフは危険であるが、自然界の力とは本来荒々しいものであり、それを制御しつつ共存することを、半巨人たるハグリッドは全巻を通じて教え続けている。

興味深いことに、第五巻でアンブリッジがホグワーツの査察に訪れ、学校を掌握するにいたった前半、ハグリッドは全く不在である。アンブリッジは曖昧なもの、危険なもの、半・人間らを許さず、占い学のトレローニー先生をクビにし、ハリーを妄想のかどで罰し、魔法省の権威と規則で学校をがんじがらめにするが、そのどん底でハーマイオニーが告げる希望の言葉は「ハグリッドが帰ってきたわ」である。ハグリッドは実はダンブルドアの命で巨人族との盟約に赴いており、異父弟であるグロウプを連れて戻ってきた。

これに呼応するかのように、後半ではハリーが生徒たちに守護霊の魔法を教え、彼らは各々の守護動物を持つことができるようになる。アンブリッジはあっけなく森におびきだされ、半人のケンタウロスたちに拉致されて杖を折られ、ピーブズに囃されながらホグワーツを去る。

動物の司ハグリッドの影響力はこの巻にとどまらず、シリーズ全篇に深く浸透している。『プリンス・下』では、ハグリッドの愛した大蜘蛛アラゴグの死に立ち会った〈魔法薬学〉教師のスラグホーンが自ら封印していたヴォルデモートと分霊箱の記憶をハリーに手渡すなど、真の魔法の核はダンブルドアというより、彼が握っていたのではなかったかとさえ感じられてくる。

「現在形」の語り

「モノ」の持つ文脈攪乱・複線化の力については、先ほど述べた。住宅街で、ゴミを発射して敵を迎え撃つゴミバケツ、肘掛け椅子に化けてダンブルドアの目をくらまそうとするスラグホーン、失神呪文をかけられてクリスマスツリーの天使にされる庭小人、嗅ぎたばこ入れに手を噛まれ、瘡蓋ができるシリウス。シリーズにはこうしたシーンがあふれている。どのような深刻な文脈においても、それから逸脱したもう一本の文脈が併走しており、たえずそちらに飛び移り、また飛びもどりしながら物語が進むので、主人公たちは完全に悲愴な気分、憎悪や自己憐憫の気分をまっとうすることができずにいる。これがおそらく一巻目を読んだときに、私が「マンガ的」と感じた理由でもあったのだろう。また、悲劇的な後半をこれが救っていることにも疑いはない。ただ、ハリーに感情移入しきれないのもこの感情複線化のせいで、このような逸脱がほとんど見られないスネイプの人生に対しては、深い感動を覚えずにはいられないというのは皮肉でもある。

ところでこのシリーズでは、ハリーがその場に居合わせない時間を語るのに、きわめてユニークな方法が採用されている。ひとつは四巻目の冒頭から始まるハリーとヴォルデモートの同一化である。傷痕の痛みとともに、彼はヴォルデモート本人の中に入り、その身体と感情を感じる。

ハリーの体は滑らかで力強く、しなやかだった。
ハリーは舌を突き出した……空中に漂う男の臭いを味わった…生きている。居眠りしている。(『不死鳥・下』、七二頁)

ハリーは床から高々と伸び上がり、襲った。一回、二回、三回。ハリーの牙が男の肉に深々と食い込んだ。男の肋骨が、ハリーの両顎に砕かれるのを感じた。（同右、七三頁）

これは大蛇ナギニに化している時のヴォルデモートの体感の共有であり、それ以外にも「胃袋におかしな感覚が……なんだか奇妙な飛び跳ねるような感覚……幸福な感覚だった……しかし、そうだ、あのときは気づかなかったが、あのときの自分はとても惨めな気持ちだったのだから、だから奇妙だったんだ……」（『不死鳥・上』、六〇〇頁）と、感情そのものを身体が受けとめることもある。

もう一つの語りは、最初に「リドルの日記」の形で試みられ、後に「ペンシーブ」（憂いの篩）となった記憶集積器を通じてのものである。「ペンシーブ」は人物の記憶を銀色の糸のように巻き取って中に沈める石の水盤で、入ってゆくと、過去の時間を追体験することができる。こちらは三人称的な立ち合いかたであり、ハリーはこの方法で、クラウチの裁判のようす、ゴーント家の悲劇、少年リドルとダンブルドアの対話、そしてスネイプの記憶を獲得する。記憶の持ち主のいた場所に行くとはいえ、本人の視点に同一化しない、映画を見ているような体験であって、この魔法道具のおかげで、作者は多くの過去を臨場感を持って挿入することができた。

注目すべきは、この二つともが「現在形」の強度を持っていることである。特に「ペンシーブ」は巧みな発明で、過去の記録が紙片に残されているのなら、書かれなかった部分や名前や行為もあろうが、この方法なら記憶の持ち主の体感の範囲内ならくまなく再現できる。映画におけるカットバックのように「現在形」の持つドキュメント性が支配するこの「ペンシーブ」の中でだけは、「モノ」や動物が、体験の意味をずらし、おかしな修飾をほどこしにあらわれることもない。メローピーやリドル、スネイプの悲劇が裸のままハリーの心に手渡される。動く「モノ」と動物が、活動の「現在性」によって、エネルギー場を励起し続けているとするなら、この二種類の語りも「現在性」の力でもって、ハリー（と読者）の心を、リアルタイムで揺さぶるといえるだろう。

なお私は本作を「モノ」のファンタジーとして語ろう、としてきたが、合わせて魔法の中心たる呪文の「モノ」性のことにも最後に触れておきたい。この世界では呪文は「音」である。

突然部屋中が、「エクスペリアームス」の叫びで一杯になった。杖が四方八方に吹き飛んだ。当たり損ねた呪文が本棚に当たり、本が宙を飛んだ……相手をまったく武装解除できず、弱い呪文が通りすぎるときに、相手を二、三歩後ろに跳び退かせるとか、顔をしか

めさせるだけの例が多かった。(『不死鳥・上』、六一八頁)

「レダクト! 粉々!」五つの呪文が五つの方向に放たれ、狙われた棚が爆発した。(『不死鳥・下』、五六六頁)

最初の引用はハリーが〈闇の魔術に対する防衛術〉を生徒に教え始める場面で、この呪文は人間を失神させたり、足をもつれさせたりする程度に留まらず、物理的な「モノ」をも激しく打ちのめす。後半の引用の神秘部での戦いの場面では、これ以降の呪文の応酬はほとんど銃撃戦としか読めない。呪文を叫ぶ声の音こそが「モノ」と化している。

W・J・オングは「聴覚は内部に手をふれることなく、内部を指し示す」「すべての音は、なんであれ音を出すものの内部構造をとどめて」おり、なかでも「人間の声は、人間のからだの内部から出てくる」という。「視覚は分離し、音は合体させる……音は聞く者の内部に注ぎ込まれる」[*3]。唱える呪文は、そのようにして対象に作用する。ヴォルデモートとの一体化であれペンシーブ体験であれ、ハリーの世界は恐ろしいほどの体感に満ちているが、身体そのものの内部から、その構造の複製として発せられる力が、音であり、魔法なのである。

だからハリーたちにとっては、あの有名な魔法儀式、ゲドが杖でアグネンの文字を記して生死の障壁を封印した儀式[*4]は、すでに異質なものなのかもしれない。

そして、「モノ」語りの宇宙には、ひとつの大きな希望がある。常に「現在」であり「モノ」が生きて動く世界には、真の意味での終焉は存在しない。最終巻のラストでヴォルデモートを倒したハリーは、ずらりと並ぶ額縁の中のホグワーツ歴代校長の総立ちの拍手に迎えられる。ダンブルドアはにこやかにハリーの決断を聞き、生前とまったく変わらぬ態度で言葉をかけ、同意を示す。ここで私たちはふたたび（悲劇と並立する）もう一本の複（伏）線――「モノ」語りの宇宙へと誘われ、思い出す。自分の額縁のあるところになら、どこにでもいつまでも、出没できる死者たちのことを――

そう、ダンブルドアは永遠不滅だ。

＊1　ブノワ・ヴィロル『ハリー・ポッターのふしぎな魔法』藤野邦夫訳、廣済堂出版、二〇〇一。Virole,Benoît. *L'enchantement Harry Potter:La psychologie de L'enfant Nouveau*, 2001, édietions des archives contemporaines を参照し、原語を挿入した。

＊2　荒俣宏・小松和彦『妖怪草紙』、学研M文庫、小学館、二〇〇一。
＊3　W・J・オング『声の文化と文字の文化』林正寛訳、藤原書店、一九九一。
＊4　アーシュラ・K・ル＝グウィン『さいはての島へ』清水真砂子訳、岩波書店、一九七二。
＊「ハリー・ポッター」シリーズの引用はすべて松岡佑子訳（静山社・携帯版）による。

III

国内篇——気配と語りの醸成する気圏

第7章　気配と密度のファンタジー

——うしろの正面だあれ

荻原規子の作品を読んでいると、いつも奇妙に快く閉ざされた感じに誘いこまれた。それは視覚と密接に関係した何か、であるのだが、今回、完結した『RDG』シリーズを再読して、それが何であるのかが少しずつ見えてきたような気がする。それは「従来型のハイ・ファンタジー的特性」と微妙にずれたところにあるものでありながら、純正なファンタジーの一面でもあり、そして荻原のテキストの書法そのものとも重なっている。

その感触をすこしずつ追っていってみることにしよう。

風景を持たないファンタジー

『勾玉』シリーズを一冊読み終えるごとに感じていたのは、なぜか脳内にシーンが残っていないということだった。大きなエネルギーの塊を通過した充足感はあるものの、これというシーンが記憶をひっくりかえしても浮かんでこない。シーンが成立するとは、読者（とともに読者の目を仮託された主人公、または第三の位置に立つ作者）が、ある場面ぜんたいを把握し、その距離感や構図をふくめて空間として感じ取るという瞬間であろう。例えば上橋菜穂子の『守り人』シリーズでバルサがカンバル山一帯を眺めわたす場面、トールキンの『指輪物語』でフロドがロスロリアンの森にたたずむ場面などを思い出していただければよい。それは遠望する視線である。視覚が純粋に風景に出会い、世界を新たな視点から再構成する瞬間だ。

しかし、ほとんどが一人称的と言っていい荻原規子の作品群において、主人公は「遠く」を見ることがあまりない。もちろん自分が歩いてゆくさきに何があるかを告げることはあるが、その風景全体の中にいる自分に外から思い入れる（空間のスケール自体をとらえ、自分を遠景化する）ことがない。

もう少し具体的に書いてみよう。

舞台をかぶりつきで見ていて、主人公やその会話の相手がすぐ目の前にいる。距離が近すぎて息苦しい。人物の体で視野がいっぱいになる。読んでいると、少しそんな感じだ。そして劇の舞台がそうであるように、背景までの奥行きはたぶん一〇メートル以内。肉体が瞬時に動ける範囲の、この空間の中ですべてが起きてしまう。肉体の及ばぬ「遠く」へ、目だけが行ってしまうことがない。

それは異世界ファンタジーに特有の遠景感、届き得ないものの距離感、切断の感じを持っていない、ということにもつながる。これは異世界が遠くにある、または世界そのものが未知である、という意味だけではなく、書かれている世界観と読者の現実のあいだの、あるいは世界と主人公の立ち位置とのあいだの隙間感と言ってもいいものなのだが（ファンタジー文学の持つ批評性はここに根ざしている）、荻原作品では主人公のいるところが「前景でありつつ場の中心」であり、すべてがその中で起こってゆく。

例えば『空色勾玉』の冒頭で村娘の狭也は、他の娘たちに、祭りの夜の歌垣の集いで、自分たちの思い人と歌いかわしたりしないよう牽制される。狭也は、自分の思い人は神の御子「月代王」であるから大丈夫だと言い、白銀の兜をかぶり、戦を指揮する神将の姿を思い描く。それは乙女の憧れという夢幻的な意味合いでもあるが、彼は同時に都の照日王（女王アマテラス）の弟の月夜見であり、大和を統べる最高権力者でもある。

そんな神が村の祭りに来るなんて、と娘たちは笑う。しかし、ページをめくってゆくとほどなく、闇の中の狭也のそばの立木が「どうして泣いているのだ」と口をきく。そして木立の中から、月代王が「銀のよろいかぶとが、夢そのままに、幾百の月のしずくをためて静かに」たちあらわれる。この困難のなさ、かるがると遠い空間がここととつながってしまう当たり前のような連続感。『勾玉』シリーズのいたるところに、このたやすさを、懸隔の不在を、見てとることができる。

すぐに狭也は水の乙女として采女に採用され、都へ連れられてゆく。都は当時の人間にとっては、地方と東京の差どころではない、雲上の世界のはずであるが、大門へ近づいてゆく彼女の視線には驚きがない。最後の門をくぐると、目の前には両翼を広げた輝の宮がそびえ、ぎっしり埋め尽くした人々が出迎えのために並んでいる、とある。もっと圧倒されてよいのではないか、もっと純粋な感覚の衝撃があるのではないか。そう思わせる場面であるが、狭也はこれを、自分のこれまでの経験や感覚の「外」のものとしていないようなのである。

どこか既知感があり、安全な見慣れた感じ、あたかも大道具やセットの説明をするような感じが、作者の筆からは漂い出る。この「場面」の中へ移動し、入ってゆくのだという立体感、身体がのみこまれる不安、つまり目が自分を外化して語るおののきがない。見るものと自分のあいだに隙間や違和感がなく、あくまでも主体が宰領する舞台の中で物語が進行する。これは彼女が視点人物である、ということとはまた別の問題である。

最新作の、現代の高校生を主人公にした『RDG』シリーズを見ると、このことはいっそう顕著に思える。物語の舞台は現代の熊野や八王子近辺であり、異世界は「相が違う《フェーズ》」が同じ場所として出現する。距離感、隙間感はこの設定からして存在していない。姫神を降臨させることのできる女主人公、泉水子は気弱でおとなしい少女で、大まかなあらすじは、彼女の覚醒と姫神の意図するタイムファンタジー的ディストピア回避小説と呼べるものだが、壮大なＳＦという感じはなく、ほぼ学園小説で、場面のほとんどが彼女の中学、高校生活と級友たちを中心に編まれてゆく。三人称小説とはいえ、泉水子が視点人物であるので、読者は彼女についてゆくことになる。しかし、わたしはこの彼女のいる場所がどうも感得できない、見えない、というもどかしさを始終感じていた。

たとえば教室、生徒会室、階段、キャンパス風景が、それらを未知としている読者の目に対して開示されることがない。何々の右手に、何があり、階段をのぼってゆくと、部屋の中はこうなって、机に何がのっている、という説明は最低限度なされる。しかしそれが何かの意味をもってヒロインの視覚をとらえることがなく、色彩の描写もほとんどない。なぜ、こうもこの世界が見えにくいのか、これはなぜなのか、としばらく考えた末に思いあたった理由のひとつは、作者が、読者（の目）を視点人物の中に連れてゆかないからだ、ということである。もっとわかりやすいＹＡ小説的な物語であれば、視点人物は最初にさりげなく自己紹介をし、ここは自分の学校でこんな感じの場所である、といったシーンを、初めての読者のために、見どころのアクセントをつけて提示してくれるだろう。それは外の目が、作品内部にさしこんできて、あたりを見回す移行段階である。しかし内にいる泉水子にとっては、学校は毎日行き慣れた場所であり、キャンパスもそのとき初めて見る場所ではないから、改めて驚きをもってそれを語りなおすまでもなく、ただ自分たちの会話の背景場面について、日記のようにひとこと足したにすぎない。

あくまでも泉水子の意識の中にしか、語り手は棲んでいない。読者は本の外から泉水子に同調しているが、彼女が語ろうとしない当たり前のことは、読者には当たり前でなくとも語ってもらえない。だから、泉水子のいる「場所」について比較的多くが語られるのは、彼女が驚きを持って体験する「よそ」であり、一巻の修学旅行の新宿、二巻での高尾山、三巻で夏休みを過ごす戸隠山、六巻で拉致されかかる横浜港である。しかしそれすらも、かぶりつきとも言えるほどの前景にいる泉水子の意識へのフォーカスが強いので、もっと向こうを見たいと思っても視線が届かないような、奇妙な息苦しさ、ドームをかぶせられたような、すべてが意識の内であるような閉塞感がある。

「うしろ」という死角

なぜ、こんなふうにことさらに「見ること」が避けられているのだろうか。一巻でお守りのようにかけていた母親ゆずりの赤い眼鏡が、見ることを封じるためのものだったという象徴的なエピソードもあるのだが、『ＲＤＧ』全体を読み直して驚いたのは、泉水子がだれかと出会い、あるいは話しかけ（られ）るのは圧倒的にうしろからだ、という点である。

一巻では、まずパートナーたる少年、山伏見習いの深行との出会いの場で、気配を感じて深行がふり向く（一－七三頁）。深行の言葉に生徒たちが、「いっせいにふり返って泉水子を見る」（一－一〇八頁）、深行が神社の駐車場でうしろから声をかけ、泉水子がふり向く（一－一一三頁）、ドッジボール中に、「ふいに（深行に名を）呼ばれてふり返ったときには、黄色のゴムボールがせまって」（一－一二七頁）いる、神社で深行の寝泊まりする部屋に入ってＰＣを使おうとしたとき、戸口から声をかけられる（一－一三五頁）など。いくら何でもこれは多い、と途中から思いはじめた。この「いつのまにか」「ふいに」後ろから、声をかけられ、「ふり向く」というパターンがこのシリーズの特徴であると言えるほどだ。

「うしろ」とは特権化された方角、シーンとなることがなく、目に見えない隠された場所である。この点に、『ＲＤＧ』における異世界ファンタジーとしての要があるような気がする。異世界的なものは「うしろ」から出現する。

ことに神霊である和宮には、三度ともうしろから声をかけられて、泉水子（後半二回は深行も一緒にいたが）はふり返っている。

他にも泉水子が「うしろから」声をかけられ、「ふり返る」相手は深行が多いが、二巻目、異能者が集められた鳳城学園では、神霊を相同の双子にもつ真夏、陰陽師の御曹司高柳も、よく彼女の背後からあらわれる。

「「あれ、鈴原さんだ」

ふり返ると、穴のあいたジャージにゴム長靴の真夏がいた。」（二－八六頁）

留学生リカルドに呼び出されて視聴覚ルームにゆくと、後ろから「乱暴に突き飛ばされ」高柳一条が呪文を唱える（二－九八頁）。

生徒会長の如月ジーン・仄香がうしろから「ふいに」泉水子を呼びとめる。「ふり返った瞬間、小柄な男子と見えてびっくりしたが、よく見ると生徒会長だった」（二－二四四頁）

さらに、その後の真夏や深行の父の雪政などの親しい存在は、いつのまにか「真横に立っている」こともある。

つまり泉水子にとって、他者は、自分の視界に入ってからしだいに近づいてくるという通常の出現のしかたをしていない。唐突にうしろ（や真横）に出現する。距離感すなわち視覚の支配する空間は巧妙に避けられている。これは泉水子の自分でも理解できない異世界がうしろにある、ということと同時に、視線が追う、ということのできない世界に彼女が住んでいることを示す。

「深行に指摘されて気づくと、ブレザーの背中に符呪が貼られていた。」（二－一〇四頁）

「泉水子は首をかしげ、向きを変えようと数歩歩いて回った。すると気配が変わったように思えたので、ふり返って深行にそれを言おうとした。
だれもいなかった。」（三－二八八頁）
異世界があらわれ、すなわち世界の「相が変わる」ときも、それはうしろから始まるのだ。
（戸隠山で神霊の真澄が場の相を変え、それが元にもどったあと）「深行も、真夏も、真響も、そのときはじめてふり返って気づいた。泉水子がいるべき場所に、泉水子の姿がなかった」（三－一八二頁）
「泉水子が真響の背後から歩み出ると、あちこち見回していた真響が、ぎょっとした様子で泉水子の顔を見た。
「いやだ、いつのまに後ろにいたの?」」（三－一八六頁）
泉水子のみならず、深行もカラスの姿になった神霊の和宮に憑かれて異能を発揮するが、彼がそれに気づいたとき、「頭の後ろでいきなり大きな羽ばたきが聞こえた。深行はぎょっとしてハンドライトを取り落としそうになった。」（四－二〇三頁）
うしろすなわち視線の及ばない空間が、泉水子の異能そのものとリンクしているのは明らかだが、ならば視線とは泉水子にとって何なのか。
「泉水子は以前、修学旅行で初めての東京へ出てきて、ひどいパニックに陥ったことがある。

空港や駅の人混みに黒い影を見て、その中から無数の目が自分をつけ狙うのを感じた。冷や汗がとまらなくなるほどの、どうしようもない恐怖だった」（二一―六八頁）

「『向こうで何かが……見ている」

「人じゃないものか」

泉水子はうなずいた。全身の感覚がそちらに集中しだすと、ますますはっきり視線として感じられた。身に危険が及ぶ有害なものの発する気配を、自分は「視線」として理解するのだと、急に気がつく。」（四―一八三頁）

ここにははからずも荻原規子のファンタジーの本質が語られている。距離を含意する「視線」は、ある意味タブーなのである。どこまでも見はるかす眺望がこの作品に出てこないのも、ある程度の遠距離までを描いても、それがはるばると遠い感じはせず、遠景に見せるため縮小した舞台の書き割りを説明したように見えるのも、前にも書いたが、おそらく荻原の感じる異世界なるものが、通常の遠距離（歴史をさかのぼるにせよ、空間を遠く離れるにせよ）に存在していないからであろう。もちろんそれは荻原自身が『グリフィンとお茶を』（徳間書店、二〇一二）で言うように神話や風土とからみあってはいるが、遠いという懸隔感はないのである。では距離ではなく、何なのか。

荻原作品では、ほとんどの重要なドラマが近景の人間どうしのあいだの賑やかな対話として描かれるため、異世界と現実との質感の差は（神話の『勾玉』シリーズの場合でも）感じにくい。いわば手元から引き出しを抜いて開けた感じというのか、奥には違う時空の世界があるのだろうけれど、あくまでそれは手元からのびていて、手元だけを見ていればよい。主人公をつつむ場、オーラの中に読者は寄りそっていれば、主人公が世界をまといつけたまま動いていってくれるのである。主人公および相手の生気（つまり気配）のおよぶ半径十数メートルの中だけが語られている世界だ。主人公と別に、遠い世界は存在していない。すべては光点である主人公の意識の中、発語の中に引き寄せられ、回収されている。それが『勾玉』シリーズの敷居の低さでもあり、ファンタジーなのに地続きで読みやすいと中高生読者に言われる理由であろう。

荻原の見せてくれるものが距離ではなく、隙間でもない、とすると、ファンタジーのファンタジーたるゆえん、彼女の異世界はどんなふうに現実とは異質なのか。

気配と密度の一元的世界

泉水子は鳳城学園に進学し、初めて人間ならざる存在を見ておののく。

「ボードの前で向きなおった生徒の顔を、泉水子は見ていることができなかった。

そこに目鼻があるように見えないのだ。黒っぽいしみのようなものが浮かび、顔立ちをぼや

かして、くちびるの動きも見てとれない」（二一七四頁）

これは高柳が術で創り出して留学生のように見せかけた式神である。しかし、その恐ろしさは顔をもたないクリーチャーや異形の怪物のそれではない。もうひとりの式神、小坂の場合を見れば明らかだ。

「「あの人……見つめると姿がぶれるもの。リカルドみたいに、ぼやけるほどひどくなくても、他の人とはぜんぜんちがう」……（中略）……小坂ひとりが粗い粒子でできているかのように、周囲から浮いて見えるのだった。見まちがえたくて見まちがえられるものではなかった。

小坂の平凡そうな目鼻立ちや、髪や手足といったものばかりではない。メガネや制服まで、そこにあるべき密度がなかった。」（二一一四七頁）

現実の三次元がもっているはずの物質的密度を、別の相の中の世界は持っていない。言い換えれば、作者にとっては、現実世界も異世界も、密度という数量的スペクトルの上で連続していることでもある。

現実では普通の人間と見える存在が、別世界で本性をあらわすと怪物や魔物であるという設定を持つファンタジーは多い。無害なものに化けているが、本性をあらわすと実は、という二段構えは昔話や伝説では自然なものであり、日本のファンタジーの元祖というべき歌舞伎や伝奇小説でも目新しくない趣向、そして現代の変身ものやライトノベル的ファンタジーでは約束事のひとつでさえある。

しかし荻原規子の異世界は形態ではなく密度の差なのであり、高次元の世界は密度が薄く、この世界に重なっていながら、さまざまなことがずっと動かしやすく、可塑的である。そう観てとれば、遠近法的視覚に支配された三次元空間が、彼女のファンタジーとはあいいれないものであることがわかる。

泉水子はこの密度の薄い一様な世界、軽くて粒子の細かい（それゆえ逆に透明ではない）領域に半分体を浸しているために、逆に三次元の物質的存在感・透明な懸隔感がもたらす「視線」の侵害に弱いのである。横浜で拉致されそうになったときには、敵の男たちがこんなふうに見える。

「見ず知らずの男たちは、異質さをただよわせ、全員が深行より長身だった。式神や霊などではなく、見まちがえようのない人間だが、泉水子はこんなふうに見える人間に接したことがなかった。

（重い。冷たい。固まっている……）

その身に宿すものが重かった。物質にしか心を動かさない人間の波動。変えようとない重たい波動――」（六－三〇九頁）

この恐ろしい男たちから彼女を救いにきてくれた深行の父雪政たちは「重く固まってなどい

なかった」（六－三二八頁）。それを泉水子は、目をつぶって深行の背中にしがみつくようにして感じ取っている。

わたしはこの六巻を読んで、ようやく荻原規子的なるものが腑に落ちたような気がした。

作中には、泉水子が「違う相《フェーズ》」に移行し、結界を補修したり高柳の呪術を破ったりするエピソードが幾つかある。そのときも彼女は何かを視覚化して、たとえば「門」に入っていったりはしない。そこにあらわれてくるのは、みごとに視覚のない、体感密度の世界なのだ。

「台風のような底力のある強風のなかに、泉水子はいる。

気まぐれに吹く風ではないと、肌が当然のように受け止めている。巨大な渦巻きを抱え、蓄えたエネルギーは桁違いで、人々の喜怒哀楽など超越して吹きすさぶ風だ。（中略）風が吹きつけるために目を開けていられない」（四－七九頁）。

体感ばかりの世界に声がきれぎれに聞こえてくるが、「風のうずにのって回っているかのよう」で方向が定まらない。ここは現実的な遠近法の機能しない世界である。そこでは「層の空間がゆらぎだし、岩の厚みが薄くなっていくのが肌に感じられる。泳ぐ扇のかすかな風が、香りのように広がっていくのがわかる」（三－二九八頁）。

六巻の半ば、泉水子は世界遺産になるための最終対決で、高柳の生み出す幻術を破ることを求められる。彼女の内側の闇の中では、「ふいに、泉水子のすぐそばで明るい声が聞こえ」、神霊の真澄が「おれが代わりにやっつけてやる」と言ってあらわれるが、泉水子はもう「真横」にあらわれてくれる援助者に頼ることはやめようと思う。そして自分の内界は、山や岩や鉱物といった古いものだけではなく、人を含んだ「外」につながらねばならないのだと悟る。

「泉水子が、今までより自分の意識を大きく広げていけばいいのだった。無心に部活動を行う全校生徒を包みこむほどに。警戒して耳を動かす馬たちをやさしく包みこむほどに。秋の香りのする雑木林で生きる虫や鳥たちをいっしょに包みこむほどに。丘をめぐる木々やそこに吹く風でさえも包みこむほどに」（六－一五七頁）。

「今はわが身とした大きな範囲を心の目で探ってみる」とその中には「異分子ではあるがよく知っている肌ざわりがあった」（六－一五八頁）。それは八王子城の幽霊たちだが、それすらも彼女の中に抱え込まれて浄化してゆく。敗れた高柳が、泉水子の力は「一つ上の次元」「根底から変質させてしまう」（六－二六〇頁）「何でもかんでも増殖させる」源泉（六－二六一頁）であると語るように、泉水子の力とはまさに、すべてをわが身の範囲とすることなのだ。

　これはまさしく荻原規子の書法、主人公を照らすスポットライトの輪の中にだけ世界があるような語り自体と、みごとにシンクロしたテーマであろう。

　もちろん荻原はそのことに無自覚ではない。泉水子本人もすべては自分の内界だけで動いている、という閉塞感を抱えつつ、「外」を意識したいと願う。パーティの席上、泉水子は着ぐるみの闇から抜け出ようとするが、「外界のない世界にいるとき、外界を意識するのは難しい」（六−二四九頁）。そのうちに、学園全体が泉水子の結界の中に入ってしまい、生身の人間も式神のように粒子が粗くなり、同時に闇の存在も実体化してくる。次元全体が彼女の身の範囲の一元空間となってゆく。

このときの泉水子のように、すべてが内側の物語であると意識したとき、外に憧れる衝動もまた生じてくる。内側と外側について語った『これは王国のかぎ』の最後の、物語作者シェエラザードと主人公の対話を思い出してみよう。

「「そういえば、あたしは海に出られなかったけれど。海というのは、あなたのわく外だったんですか」

やっと思いあたって、あたしはいった。

「そうです。あたくしは王国。かぎはあなたです。でも、そこに収まらないハールーンは、真実「外」のものだったのでしょう……（中略）」

……ここは外ではないのだろう。いくつかの層になった世界の、上のレベルというところなのだ。話の外わくにある話。語り手が語られている話。

「「外」へ行きたいですか?」

シェエラザードはやさしくあたしにたずねた。」（二五二頁）
この作品は、中学生の少女ひろみが『千一夜物語』を思わせる世界にトリップするという、荻原作品にしては珍しく露骨な異世界ファンタジーの形式を持つが、最後にこの異世界は、ひとりの物語作者シェエラザードが幾人かの現実の人物を自分の内側の枠に囲いこんで物語化した内界である、ということが明かされる。意識の外に、ほんとうのその人物がいるのだが、意識がとらえられる範囲でしか、その人物を描けないのだという物語作者のジレンマ。
ひろみは、シェエラザードという他者が自分を囲いこんだ物語であると同時に自分の内界でもあるこの世界から、「外」へ帰還しようとする。「外」へ出ることは可能なのか。それを試すかのような続篇『樹上のゆりかご』は、一見まったくの「外」つまり彼女の日常の高校生活を描くのみであり、そこでは「内」の恋人ハールーンの姿は薄れて思い出せなくなってゆく。逆に現実という「外」で出会った少年江藤は、ことごとくひろみの夢や理想を裏切る予想のつかない存在であるのに、なぜか気になる。そして「いつかは、シンドバッドの船乗りと江藤クンの双方にかかわるものを、自分の力で見いだすことができるかもしれないのだった」（三五四頁）と、「外」と「内」の結びあうインターフェースの存在を予感させる言葉で語りを終える。
しかし、読者という「外」の存在から見れば、そこは依然として物語の「内」である。「内と外を統合しようとした少女の物語」の中のすべての言説は一人称主人公の場の「内」から出ていない。ドームをかぶせられたようなこの書法が逆説的に示しているのは、やはり「内も外も意識の内にしかない」というファンタジーの究極の真実なのではあるまいか。

それを象徴する主題が姫神の「高次元」である。物質が量子のレベルにまで薄くなりつつ、すべてを包みこむ一体性の世界。ＰＣをフリーズさせるほど電磁波に近縁性をもち、世界をおうネットに干渉できる泉水子の気とは、まさに東洋的なワンネスであり、この発見においてもすぐれて現代的なファンタジーであろう。

＊　文中の引用であるが、ＲＤＧの一－四巻までは角川文庫版、五、六巻は同ハードカバー本の、そして『これは王国のかぎ』は中央公論新社の新書版、『樹上のゆりかご』は中公文庫版のページを示している。

第8章　少女と怪異と「一人称」——多重視点の語りが照らしだすもの

小野不由美『悪霊』シリーズがどうしても読みたくて、ネット古書店で探して買ったのはどのくらい前だろうか。たいへんな高値がついていた。しかし、作者の意向で再版されないと聞くと、意地でも読みたくなるのがファンである。

全八冊（第七巻が上下分冊）、それに続編の『悪霊の棲む家』（上下）は対象年齢レーベルが少し違うが、全体にライトノベル独特のにぎやか感はありつつも、それを含めてきわめて魅力的なシリーズだった。最も大きな理由は、霊能者チームの性格がそれぞれ個性的なうえ、密教僧、巫女、霊媒、エクソシスト、陰陽師、超能力者とジャンルが違い、そのジャンルについての作者の知識の奥行きが半端ではなかったことだろう。作者のふところに安心して身をあずけて読み直すごとに、伏線や歴史や奥義の断片がきらりと垣間見え、再読、再々読に耐え、そのつど万華鏡のように読後の風景が変わる。

作者のそうしたオカルト学の深度を体現している彼らだからこそ、巻を重ねるごとに、性格も存在感も立体的にせり出し、立ち上がってくる。ことに化粧の濃い派手な巫女さんで、「ぼーさん」と毎回悪口コントを繰り広げるために出てきたかのような綾子が、樹木の精霊と一体化して浄霊を行う第六巻のシーンには息を呑んだ読者も多いのではないだろうか。

しかし今回は旧版シリーズ、それをほぼ忠実に再現したコミック、アニメ全話を見直し、さらに新版シリーズを再読したうえで、ヒロイン麻衣に関して浮かびあがってきた幾つかのポイントを探っていきたいと思う。（引用中の数字は巻数とページ数を示す）

視点の多重性がもたらすもの

『悪霊の棲む家』上巻の後書きで、作者は『悪霊』シリーズについてこう語っている。「じつはむかしは、主人公はふつうの女の子でなければいけないとか、その女の子の一人称でなければならないとか、そういうきまりごとがあったんです。そういえば、『では一人称でしか書けない小説を書こう』と思って、前シリーズのプロットをたてたんだったなぁ、なんてことを思い出してしみじみしてしまいました。私は推理小説畑の人たちに小説を書く作法を教えてもらいましたから、三人称の地の文で嘘の記述をすることができません。そこのところに

引っかけてシリーズ全体のネタを考えたんだったか、と懐かしく思い出しました」（二四〇頁）

少女向けライトノベルには、現在でも「わたし」（あたし）の一人称が多い。新井素子以降、ティーンの少女のすこし雑な話し口調を用いることで複雑な物語全体を、あたかも巾着袋の口をきゅっと絞るようにまとめあげる小説が一般化した。最近は海外のＹＡ小説もこの形式が多いが、等身大の少女の「一人称」を採用する効果は少なくとも二つある。一つはもちろん世界観をティーンのサイズに切り縮め、年少の読者にわかりやすくすること、もうひとつは少女の内面の声をほぼ全開にできることだ。

ただしここに見落としてはならない点がある。「一人称」は「視点人物あるいは焦点人物」とは違う。心の声を伝えるだけなら「〇子」という三人称形式を取っても、作家が彼女の内面に立ち入り、「内的焦点化」をすることは可能である。しかし、この三人称による「内的焦点化」と「一人称」の差異は、原作を漫画化、アニメ化した時にははっきりとわかる。映像（つまり三人称）では、語り手の容姿や着衣、行為するときの全体像、また周囲の情景が見えるのである。この「三人称」的世界像を「一人称」の原作と比較することによって、読者はさらに情報を得、漫画家やアニメ監督の加えた解釈や好みを知るが、それだけではない。

非常に厳密になされれば、本シリーズ全体をつらぬくミステリの答えは、実は一巻の映像表現によってすでに露わにされえていたかもしれないものである。

作者自身が「推理小説畑の人たちに小説を書く作法を教えてもらい」「一人称でしか書けない小説を書こう」と記しているところからも、叙述トリックのミステリを目指していたことは明らかだ。そしてこの叙述トリックは、「一人称」であればこそ読者を騙しおおせるが、「嘘をつけない三人称」を取った場合、すなわち「内的焦点化」をされていてもその人物を三人称で描こうとすれば、本人が言わない、気づかない、あるいは感じていない事実を、どうしても、読者の視野に入れざるを得なくなる。ミステリには、ゆえに、絶対に映像化できない「一人称」作品が存在している。

少女小説の「一人称」で「わざと言わない」形式は、ラストまでの負荷が重すぎて採用しにくいだろうが、「気づかない」「感じていない」ことであれば、あとになっていっさいが腑に落ち、語り手自身と読者をあっと言わせることは可能であり、それは「一人称」ならではの語り（騙り）のわざの醍醐味であろう。

この麻衣の視点については少女の心理ともからめて後述したいが、とりあえず、多重視点の問題に立ち返ってみる。

「一人称」の弱点は、語り手の肉体の存在していない場所での出来事が、時間軸の中で現在と同期して語れないことである。オカルトや怪談につきものの時空間のあいまいさ、たとえばタイムラグのある伝聞にたよる不確かさであるとか、また出来事があったかなかったかすら観察者の心理や状況にゆだねられてしまう危うさであるとか、そうした朦朧とした、まさに映像のゴーストのようにぶれた味わいを、このシリーズは注意深く避けている。シリーズ直前の作品『悪霊なんかこわくない』(一九八九)はどちらかと言えば普通の形式の怪談、地方の旧家の因縁話から発する祟りを主人公が体験する話であったから、よくも悪くも「語り手」の「語り」の中に怪異がおさまっている。怪異自体の持つ一人称的性格と「一人称」が抱擁しあっていて、読者の目の入る隙はない。より大きな展望を持つ世界は立ち上がりにくい。

これに対して『ゴーストハント』シリーズでは、他の場所の事件との「同期性」を「一人称」小説で実現するために、毎回たくさんのカメラや測定器械やディスプレイ装置が持ち込まれている。渋谷サイキック・リサーチ(以後SPRと表記)は科学的な「超心理学研究」を標榜する団体で、大量の機材を怪異の起きそうな各地点にセットする。例えば霊現象が起きると、その場所の温度は急激に下がる。それをコントロールセンターである「ベース」で観察し、データとして記録、さらに各部屋で同時に何が起きているかも、リアルタイムに録音、録画できる。もちろん霊の作用が強すぎたりして、「何も映っていない」こともある。しかし、わたしが何度も読み返してしまう理由はこの仕掛けにあったと思う。

この方法を取れば、麻衣の「一人称」であっても、彼女の存在しない場所で起きた事件を語りうるのだ。

それだけではない。他の霊能者たちもそれぞれが優秀であるにせよ、あくまでも頼りは自分の身体感覚であり、霊の感知や退魔や浄霊は、その時その場において、一対一で対象と対峙して行う作業である。これでは事件の全貌は（彼らにも読者にも）つかめない。このシリーズは、霊現象というきわめて個人的な一人称体験であるものを、複数地点での機械的測定という、いわばゼロ焦点の「目」を配置することで、みごとな三人称へと展開しえているのである。

このことは物語の風通しをよくするとともに、心理的な閉塞感をも取り払う。『旧校舎怪談』のクライマックス近く、遠く離れた深夜の教室で椅子がひとりでに動く場面を、麻衣たちは画面を通じて見てとる。怪異はそのようにして遠隔化、中立化され、「私」の生身の恐怖から切り離されることで、心理的に取り扱いうるもの、すなわち体験談ではなく、小説の素材となる。前述したように怪異を語ることは、観察者がみずからのあいまいな五感をもってするがゆえに、対象に心理的に巻き込まれることにも等しいが、このＳＰＲの測定器の存在はそれを解消し、怪異譚の新しい三人称的取り扱い方をも示している。

もうひとつ言うなら、ライトノベルを読むさいの年長読者の泣き所のひとつ、はしゃぎ気味のヒロインの語り口も、この仕組みによって違和感がかなり（新版では特に）和らげられている。ホラー小説とは思えないほどハイテンションで、明るく事態にツッコミを入れる麻衣の強靭な「語り」は、自信家の美少年ナルが支配するたくさんの器械類、つまり手元で操作できる物質的な装置の確かさに支えられている。これらに（そして怪異を怪異とせず、現象として冷静に分析するナルの尊大な態度に）寄りかかりながら、麻衣のプラスティックのように傷つかない語りが流れてゆく。そうでなかったら、この少女小説の饒舌は、主題にそぐわぬものとして、ある年齢以上の読者を淘汰してしまったに違いない。

そして多重視点の三つ目の側面は、前述のように、霊能者をチームとして設定することで、事件自体が複数の目から眺められ、それゆえの多面性と奥行きを持つようになることである。何かと「地霊」にこだわる綾子、「地縛霊」を主張する「ぼーさん」、西欧における幽霊の分類と日本のそれとの差異を説明しながら、幽霊と化け物（や悪魔）の境界もさりげなく示してしまうジョン、見えるか見えないかという表層的な感覚にこだわりつくす真砂子。彼女は霊を憑依させる霊媒だが、みずからは呑み込まれずに招魂を行ったり、偶人をこしらえたり、式を飛ばしたりと外的な力を使いこなすことのできる道士のリン。

チームゆえお互いを補いあいながら、けっきょく全員で行動してしまう彼らの魅力は、（麻衣目線の）しぐさやしゃべり方やくせや、仲の良さや悪さ、いざとなったら真摯に発揮する能力といったキャラクター・ドラマだけではない。怪異をとらえるそれぞれの立場からの世界観の違いが、なにげない会話からこぼれ落ち、それが物語に奥行きを与え、怪異現象にさまざまな補助線を引く。多重視点から描かれることによって、恐怖「体験」も標準化され、テクスト外から吹き込む風にほどよくいなされる、といった感じだろうか。

新版ではこの面の書き込みが充実し、ミステリにつきもののペダンティックな蘊蓄《うんちく》の楽しみも加わって、世界が一段と厚くなった。

夢に入る角度——「綺麗に微笑《わら》うナル」

ライトノベルの少女主人公は当然ながら、読者の願望を体現する存在である。麻衣は、不思議な事態を観察、報告する「一人称」主体であるだけではない。少女小説の約束事である恋愛の主体でもなくてはならない。加えて彼女はシリーズの進展につれ、じわじわと霊能力を目覚めさせてゆく。ロマンスと、ヒロイン固有の力の発現と成長。

この二大要素は、本シリーズではかなり有機的に深いところで結ばれあっている。ロングスパンで眺めれば、このシリーズは麻衣の女性性の開花と成長の物語である。やや煩雑になるが、各巻の特色と麻衣の霊能力の進化を追っていってみよう。

一巻目は麻衣自身の高校の旧校舎における怪異で、霊能力者を自称する女子生徒がポルターガイスト的な作用を及ぼしていたことが判明する。ポルターガイストは、霊感の強い若い女性、そして思春期前期の少年少女が強い抑圧を受けたとき、「構ってほしい、注目してほしいという無意識の欲求で起こす」(一－三三二頁)。麻衣はそれを聞かされ、「何か、そういう心理って分かっちゃうな……」(一－三三八頁)と自己を省みる。自己覚醒への出発点とも言うべきこの巻で、なにげないエピソードのように挿入されるのが、靴箱の下敷きになった麻衣の夢にナルがあらわれるシーンだ。ふだんの冷たさや毒舌とは別人のように、「柔らかな笑みを作る」優しいナル。麻衣は自分の願望充足だと片付けるが、ナルに対する恋心も芽生えはじめる。苦難や孤独に陥ったときに現れる、この「夢の中のナル」は巻を追うにつれ、親密度、感応度を高めつつ麻衣を導いてゆく。

二巻では八歳の少女の持つ人形に取り憑いた霊が、家の中に怪異を起こす。麻衣はやさしいお姉さんとして少女になつかれるが、この家は現在、父親が不在で、父親の妹である叔母、そして継母と少女のみである。このあたりで、少女小説レーベルにしても妙に女性が多いことが、わたしは気になりはじめた。この巻で人形特有の怪異以上に怖いのは、未婚の叔母である典子が、少女といっしょに寝ているときに「お腹のあたりに何かある」(二－一九四頁)(傍点筆者)のを感じ、ふとんに手を入れて子どもの頭に触れる場面である。髪の毛も頭皮の感触も大きさも、人形とは違う子どもの頭。だが、姫は目の前ですやすや寝ている。この怪異は新版にしかなく、女性性、特に母性にからんだ何かが、この事件の背後で進行していることが暗示される。

この巻では幻のナルは夢うつつの麻衣の部屋にあらわれ、少女の危険を告げる。果たせるかな、かつてこの家に住んでいた何家族かを遡ってゆくと、八歳前後の子供ばかりが死んでいることが明らかになり、この怪異はその最初の八歳の女の子の母親の霊がわが子を求めて引き起こしたものであった。

三巻目の舞台は女子高である。スプーン曲げの超能力を発揮した女生徒が迫害され、能力を失ってゆくいっぽう、彼女を弾劾した男性教師や生徒が怪異を見たり大けがをしたりする。それは「呪い殺してやる」と叫んだ彼女のせいなのか。シリーズ中のホラー現象として最も怖かったのはこの巻の、ある机に座ると、引き出しから手が出ておなかを触るシーンだ。触られた女生徒は電車の扉にはさまって引きずられたり、胃に穴があいたりする。女子高を舞台にしての、この触感に満ちた怪異はひどくなまなましい。

麻衣自身は、天井から髪の長い女の首が逆さに生えて下りてくる怪異を目撃する。この女は後半、彼女がマンホールに落ちたときにもあらわれ、ずるずると下がってくる首は今度は「縦笛でも咥えているように」（三―三二九頁）鎌を咥えている。首はしばしばファリック・シンボルであるが、ここでの出現の仕方は、思春期の女子生徒が見る幻として（去勢イメージも絡んで）意味深い。しかも、この二つの生首シーンを麻衣と共有するのは現実のナルである。

一方「夢の中のナル」は麻衣の夢の中の遊園地のミラーハウスの中にあらわれ、校舎の内部を透かし、そこにたむろしている多くの鬼火を見せてくれる。

邪悪な意志の本体は、かつて超能力を持っていた女性教師による呪詛だった。彼女の少女時代の超能力は、生徒と同じように詐欺と非難され、迫害された。迫害したのはほとんどが男性教師である。女性教師の彼らに対する呪詛はどす黒い。それは母から娘へと受け継がれる女性性に対する侵犯への復讐心のようにも読める。どうやら思春期の超能力とは、実は開花しつつある女性性の謂いでもあるのではないか（海外のYA小説でこの機微をとらえた作品にM・マーヒーの『めざめれば魔女』がある）。ことに、おなかをなでまわす手という怪異のなまなましさは、少女たちに訪れる受動性すなわち生理の象徴のようでもある。

ひとつ注目したいエピソードは、冷徹な科学信奉者であるかに見えた男性のナルがスプーンの「首を千切って」、それによって、女性教師とくだんの女子生徒の信頼をかちえていることだ。ナルは一種独裁的な傲岸不遜をまとうことはあるが、家父長的な男性性の体現者ではない。そのことが少女小説らしいさりげなさで示されている。

続く四巻の舞台、緑陵高校は共学校だ。「ぼくは　犬ではない」と遺書を残した一年生男子の自殺以降、怪異が頻発する。学校全体に「ヲリキリさま」と称する奇妙な「狐狗狸《こっくり》さん」が蔓延し、焼却炉の中の老人の顔、向きの変わる美術室の胸像、掃除のたびに蛍光灯の落ちる地学教室、壁から二番目のベッドにいつのまにか誰かが寝ている保健室、とほとんど「学校の怪談」のパロディのごとく校舎全域に怪異が及んでゆく。自殺した男子生徒はオカルトや神秘学に傾倒しており、それを咎めた男性教師は、校長が招聘したSPRや霊能者たちに対しても頭ごなしに威嚇し、攻撃的である。

この巻でも女子生徒たちのみが遭遇するLL教室の怪異はなまなましい。ふと気がつくと、机の下に六歳くらいの男の子が蹲《うずくま》ってこちらを見上げ、薄気味の悪い顔で笑う。少女の足もとから上をのぞくこの少年は、「懐いてくるような具合なのに」（四－一六八頁）膝に頬をのせたり、足に抱きついたりする。これはどう見ても性的な侵襲にまつわる喩である。さらに新版には、女子更衣室の開かずのロッカーをあけると、下に置かれた首が見上げている場面も加わっている。

緑陵高校は昔の共同墓地の上に建っていたため、校舎内が強力な結界となり、やがて「ヲリキリさま」に呼ばれた得体の知れない無数の霊が跋扈し、互いに共食いを始める。麻衣は夜の校舎内で、奇怪な霊と出会う。身長は「あたしのお腹のあたりまでしかない」（四－三〇〇頁）（傍点筆者）が、子どもにしては頭が「大きすぎる」男の子に追われて、生物準備室に逃げこむと、ガラスが割れてホルマリンの匂いが充満し、彼女は気を失って倒れてしまう。その大頭の子ども（未熟児）のイメージをさらに敷衍するかのように、保健室にひとり残された麻衣は噂どおり、奥から二番目のベッドにこんもりとわだかまるものを目にする。「夢の中のナル」によって、それは「胎児」であり、多くの霊が食い合った結果生み出された怪物がじきに「孵化」しようとしていることが告げられる。

怪異はこの巻ではっきりと、懐胎と出産のイメージへと進行している。

ナルとリンは、自殺した男子学生が件の男性教師を呪詛した特別な紙を神社の鳥居の下から発見、この紙で「ヲリキリさま」をやったすべての生徒が怪異を呼び込んだことを知り、男性教師を守るため、彼らに「呪詛返し」を行う。この古典的な「わざ」は注意して読めば、二巻からさりげなくあらわれ三巻で発展し、この巻では大規模に展開される。量的なクレッシェンドにも注目したい。このシリーズでは各物語が単発であるように見えて、さまざまなラインがひそかな導火線のように埋め込まれている（もちろん最大のミステリの伏線も含めてだ）。

四巻で麻衣は九字を切る退魔法を身につけたばかりか、「夢の中のナル」に導かれて、校内に漂う霊を鬼火のかたちで幻視、霊たちが食い合っている詳細を見てとるなど、霊媒の真砂子に劣らぬ霊能力を発現させはじめている。現実のナルとは違って、「ふんわりした笑顔」を見せてくれる夢の中のナルとの感応が深まるにつれ、彼女の力も進化してゆく。

第五巻は館もののミステリで、増築を繰り返した気味の悪い建物にドラキュラ伝説をからめたもの。若い男女ばかりが消失する怪異の謎はかなり早く読めてしまうが、読みどころは設計図と外見が違う不気味な建物の探索にある。麻衣が歩いてゆくうちに、以前はなかった扉がうっすらあらわれて、そこに誘いこまれそうになるなど、家自体がドラキュラならぬ浦戸の怨霊にとりつかれ、呑み込む怪物と化している（シリーズすべての作品に「結界」イメージがあるが、この巻がもっとも強い。）

麻衣は続いて幽体離脱というさらなる能力を開花させる。「夢の中のナル」に導かれて屋敷の中を通りぬけ、行方不明になった真砂子がある部屋に監禁されているのを探しあて、あとで助けに行く、とお守りの鍵を手渡す。ところが、驚くべきことに真砂子の側からも、「とっても素敵に微笑う」ナルがここに来て励ましてくれたのだと告げられる。鍵は麻衣の夢ではなく、現実に真砂子の手に渡っていた。真砂子と麻衣はナルをはさんで恋敵めいた立場にあるため、この符合からも、「夢の中のナル」はどうやら麻衣の願望充足の夢ではなく、本当に存在しているらしいことがわかってくる。

また麻衣は失踪した若い女性たちが喉を切られて血を抜かれる恐ろしい場面を、「視る」だけではなく、体ごと体験する。彼女の霊能力は、すでに身体全体を浸すものとなっている。ナルと深く関わって発動するこの霊能力を性愛とパラレルなものと見なすなら、麻衣ははっきりと成熟している。しかも今回の男性像は、若い女たちの血を溜めた浴槽の中から立ち上がってくる和製ドラキュラ、不老長寿を求めて殺戮に走る悪魔的な成人男性である。この巻では、性的に未分化な幼い男の子の霊はもう出てこない。

第六巻の舞台は能登半島の旧家。異人殺し、一揆の首謀者殺し、六部殺しなどの歴史的民俗学的伝説に彩られた岬の家で、何者かに憑依された家族が次々に殺し合う。頼みのナルまでもが憑依され、リンによって眠りに封じられ、戦線からリタイヤする。霊能者たちを助けるのは、四巻から引き続いてチームの一員になった安原少年の歴史データ収集能力だ。

これと合わせて新版で目立つのは、一家の父親、泰造がえんえんと語る家族史である。家系にまつわる謎とここに移り住む前の土地の因縁、立山信仰などの土俗宗教との関わりなど、どことなくうっすら怪しげでありながら、これまでの巻のように決定的な原因となる事件が出てこない。何とはない業のようなものが不透明に蓄積してゆく不安感が漂う。やがて呪いは家系に憑いているのではなく、この場所にあったことがわかるが、そうすると、この語りは不必要に長い。だがこれはミステリの単なるミスリードではないだろう。どのような家系も漠然とまつわらせている業の集積がいつかふと変事につながってゆくことを暗示する、そんな薄墨のにじみめいた恐怖の解釈は二〇一二年の新作『残穢』のテーマに直結してゆくようだ。

ナルがリタイヤしているあいだも「夢の中のナル」は麻衣を海洞に導き、再生を求める死者たちの姿を見せる。「胎内めぐり」という出産、再生のイメージが大自然の景観の中でふたたび浮上する。ここで麻衣の中から生まれようとしているものとは何なのか。

巫女の綾子が癒しに満ちた浄化能力を発揮したあと、目覚めたナルは最後に閉ざされた結界中の漂着神「おこぶさま」を霊能者のだれよりも強烈なPKで倒してしまう。毒舌を吐き、つねに冷静、異能の科学者と見えたナルの正体とは何なのか。

最終巻、道に迷った一行は湖のほとりに出るが、そこはSPRを隠れ蓑にナルが探しつづけていた地点、つまり事故死した兄の死体が沈んでいる場所だった。ダイバーが遺体を求めて湖を探し始めるいっぽうで、チームは近くの村の村長に乞われて、廃校の怪異を探ることになる。山崩れで遠足中に教師と子どもたち全員が死亡した過疎地の小学校。彼らに誘いこまれ、霊能者たちはひとりずつ姿を消し、かわりに子どもがひとりずつ増えてゆく。

麻衣はこの巻でついに霊能力を完成させ、チームをさしおいて事件の解決者となる。「夢の中のナル」は彼女に、自力で霊界へ入るやり方を教え、迷っている教師と子どもたちに光を吹き込むよう指示する。

なお、シリーズ全体のミステリー・トリックに関して、新版と旧版でもっとも大きな違いはこの場面だ。

少し前の場面で、超常現象研究にくわしい「ぼーさん」は、住所も電話も明かさないナルの正体について、綿密な推理を展開しはじめていた。「ナルシストのナル」ではなく本名ではないか、と。「ナル」は麻衣が名づけた「ナルシストのナル」ではなく本名ではないか、と。「ナル」は何の愛称かと問われて答えるのは、旧版ではオーストラリア人のエクソシスト、ジョンである。しかし新版では「夢の中のナル」自身が麻衣に問われて答えている。

「あのね、一つだけ訊いていい？」

少しだけ遠ざかった影に呼びかけた。

「なに？」

「……ナル、って何の愛称？」

ほんの少し間があった。困ったような白い顔。

「ジャックならジョン、ディックならリチャードでしょ。ナルは？」

「……Oliver……」

なんだか少し悲しそうな声に聞こえた。

「Noll なら Oliver の略だよ」

ナルは言ってそれからあたしの肩をそっと押す。すっとナルの姿が遠ざかった。

（『扉を開けて』七－三〇六頁）

ナルの「困ったような白い顔」「悲しそうな声」が何を意味するのか、物語の結末を知っている読者にはわかる。この追加シーンは、旧版の読者にはさらに心に痛い。だが麻衣はこの時点では気づかず、ナルが幽体離脱して自分に会いにきてくれたのだと思い、ではこれまでのも夢ではなく、本物のナルだったのだ、と改めて納得してしまう。

「身体を離れて会うナルはすごく優しい。身体を抜け出していくのが霊で、身体がないほうが自我が薄くなるのだとしたら、身体の離れた霊だけのほうが、より相手の本当が見えやすいということなんじゃないだろうか。だとしたら、そういうことなのかもしれない。たぶん、奥底であんなに優しい……」(七一三〇七頁)

このあと麻衣自身、トランスに入り、「自我が薄くなっている」霊たちに優しく話しかけて浄化させ、事件を解決している。

ナルの正体は「ぼーさん」が推理したように、英国心霊調査協会に属する超能力者のオリヴァー・デイヴィス博士だった。五巻での偽者の登場など伏線は見事で、ミステリとしても一本取られた気がするが、「一人称」少女小説としてのゴールはさらにその先にある。兄の遺体も見つかり、帰国するまぎわのナルに、麻衣は林の中で出くわし、「ごめんね、気安くナルちゃんなんて呼んで」と謝る。背を向けて去ろうとする彼女のうしろから声がかかる。

「……ひょっとしてもう会うこともないかもしれないから、言っておきたいことがあったんだけど」

淡々とした声が言う。

「やっぱり、やめておく……」

そりゃーないよ、と心の中でつぶやいた。気をもたせておいて。（七－三八一－二頁）

驚いたことに、もうひとり別のナルが前方から近づいてくる。麻衣は動転し、「いつもの夢」、ナルが助けてくれる夢のことを、初めて口に出してしまう。すると彼はぎくりとし、自分に幽体離脱はできないから、それは自分ではなく双子の兄のユージーンだ、と言う。おせっかいな兄はずっと麻衣の指導霊を気取っていたのか、と。読者の足もとにはどんでん返しの奈落が開き、それと同時に、これまでの「夢の中のナル」いや、それ以上に現実のナルの全てのシーン、台詞、行動が突然、別の意味を持ちはじめる。一巻からの真実がドミノ現象のように次々と覆り出す。

そして麻衣本人の心中には何が起きたのか。彼女が最後に「特別な意味で好きだった」ことをナルに打ち明ける場面の記述は、旧版、新版ともにあいまいなニュアンスを残している。ナルが「僕が?――ジーンが?」と問いかけると、「一瞬、ポカンとした」麻衣は「そんなの、決まってるじゃない。そんなの。／帰ってしまうナル。だから伝えておこう、そう思ったのに。もう会えないからもう」（七－四二三頁）と言う。「あの笑顔を見ることはない。二度とどんな夢の中にも、もう彼はあらわれない」「もうこの世にいない人だなんて知らなかった。きっといつかナルがあんなふうに笑ってくれるんだと思ってた。ナルは絶対にあんなふうには微笑わないのに」「『ずっと、ナルって』そんなふうにしか彼を呼ばなかった。胸が痛い。死にたいぐらい苦しい。その場に蹲って、声を上げて泣いた」（七－四二三－四頁）

麻衣がなぜ「一瞬、ポカンとした」のか。それは、問いかけてきたナルの「白い顔がほのかに微笑った」（七－四二三頁）からだ。現実のナルは決して微笑ったことがない。それでも彼女にとって「夢の中の微笑うナル」は、当然、現実のナルの一面であり続けた。まだ、その思いは断ち切れていない。微笑したナルの顔は、その願望の最後の残滓だ。そんな自分への憤りもこめて、麻衣は気持ちを整理しきれないまま混乱した語りを紡ぎ、その中でゆっくりと、「夢の中のナル」が現実のナルから剥ぎ取られるように分かれてゆく。

顔もそっくりな「夢の中のナル（＝ジーン）」はある意味、麻衣ヴァージョンの理想のナルであり、内化された彼女自身の男性性であったと言える。ユング心理学の解釈では、女性の中の男性像アニムスは、スポーツ選手や学者など現実の有能な男性の姿をとってあらわれるが、女性はそれをみずからの中に統合してゆくことで、彼らへの投影を断ち切り、自分自身の能動的な男性性を認めて成長してゆかねばならない。

少女小説ならではの、現実と理想に二分される男性像。意地悪で決して笑わない美少年ナルは、夢の中ではいつも麻衣が望むように優しく微笑う「ナルにこんな笑い方ができるなんて。『……いつもそんなふうに笑っていればいいのに』」（『旧校舎怪談』一‐二九七—九八頁）。「微笑う」は「夢の中のナル（＝ジーン）」のキーワードだ。麻衣と「思考回路が似てた」（七‐四五二頁）ジーンとは、まさしくナルに投影されていた、麻衣自身の男性性の部分だ。ジーンと麻衣の性格の類似を示唆するエピソードは他にもある。たとえば戦時中の中国侵略のために日本人は嫌いなのだというリンに、麻衣は泣いて抗議するが、前に自分に同じことを言った人がいる、とリンが返している。それはジーンだった。（七‐四五二頁）

ＳＰＲの分室が日本に残ることが示唆され、またナルから兄の写真をもらって、麻衣にはとりあえずおちついた結末が訪れる。「一人でも恋はできるから、もう泣かない」という結語はすこし悲しいが、少女小説が本来目ざしたであろうナルとの恋の逆転成就以上に、麻衣の女性としての成長と到達点を示し、しっとりとうなずけるものでもある。

補遺として「物語る老人」

続編『悪夢の棲む家』で、ナルや麻衣たちはSPRとしての活動を続けており、ジーンがいまだに霊としてナルのそばにとどまっていることを読者は知るが、これ以降シリーズは打ち切られる。麻衣の成長を描く少女小説としてのシリーズが完結した以上、作者は怪異の意味を別のところに求めはじめたようだ。

『残穢』（二〇一二）では怪異はもはや決定的な因果には回収されない。どこまでも事象と縁をさかのぼっていく語りのみが、微妙な結節点のいくつかをさししめしつつも、腑に落ちきることはなく、その宙づり状態が不安なぶれの層を現実ににじませる。『残穢』を読んだあとで、今回の新旧シリーズ、またアニメ、コミック、ドラマCDなどをたどり直してみたわけだが、その中で目についたのが、新版に追加された『人形の檻』の曽根老人、『死霊遊戯』の用務員の土岐田、『海からくるもの』の泰造と、三人の「物語る老人」の登場（または役割の拡大）である。語りこそが恐怖を生み出しつづけるものであること。作者はそれを、新版『乙女ノ祈リ』中に、超能力少女迫害の背後には、かつてオカルト趣味が校内に蔓延したあげく死亡事故が発生し、怪奇現象も生じたため、教師たちが一転して抑圧反応を強めたのだ、という「旧怪談」の説明を挿入し、「ぼーさん」の口を借りて次のようにまとめている。「怪談は生徒の恐怖心を喚起する。でもって、恐怖心は現象にエネルギーを与えるんだ。だから怪談がよく残っていてシリアスに受け止められれば受け止められるほど怪異は発現しやすくなる。」（三－二二六頁）

怪異は語ることの抑圧によっていったん沈静化しても、新たな目撃談によって再活性化を発動し、その繰り返しで生き延びてゆく。「どっかで潮目が変わったんだよな。校内に怪談が蔓延する。それは休眠していた怪談を揺すり起こす。さらに怪談がはびこる。これに感化されて何でもないものまで異常に思える。枯れ尾花を見るようになって、さらにこれが怪談を生む。不安やら恐怖心やらが高まって、これがまた怪異を発現しやすい状態にする」（三－二二七頁）

これが現在の小野不由美の、民俗学とも響き合う底深い「語り」の怪異観であるのかもしれない。

第9章　マルシェとしての『かばん』から
——遊びをせんとや・多言語文化と多声のカーニヴァル、そして穂村弘

本項はもともと、私の属する短歌同人誌集団「かばん」についての紹介記事を求められて書いたものであるが、その部分は歴史的事実の確認に準じるものであるので、大幅に割愛する。

『かばん』の創刊は一九八四年四月、同年一月に結社誌「詩歌」が前田透主宰の死去により、解散したのを契機に、二〇代の若手六人が急遽、同人誌の立ちあげに踏み切ったものである。私含めて六人がその創立メンバーであったが、徐々に人数が増え、現在まで一号の休刊もなく続いている。

初代編集発行人、中山明の主導により、同世代の若手歌人たちとの座談会や招待作品、また会員の自由なエッセイ寄稿などを積載しながら、「かばん」は漂流してゆき、そのうちに、高柳蕗子、杉﨑恒夫ら「詩歌」系会員以外に続いて、ユニークな作風で注目を集めていた穂村弘、

東直子らが参加、以来会員数は増えつづけ、なぜか新人賞の受賞者を多く輩出するようになった。

『かばん』のユニークさは、同人誌としては会員数が多い（数十名）ことの他に、その「何でも入る」懐の深さ、言い換えれば鷹揚な開放性にあるのであろう。「かばん」には、指導者もいなければ作歌理念もない。あるのは年齢不詳の若さだけである。

「かばん」はノールールで面白そう、とネット経由も含めて入ってくる会員は、例え穂村弘ファンであっても、彼が指導したり選歌したりする欄はないので、ただ自分の屋台をもってきて「かばん」の広場に店を出す、いわば「マルシェ」の形態なのである。定期的に新人特集号が組まれるが、歌柄にはさしたる共通点がなく、自分の目指すものをそれぞれが勝手に追求している。月例歌会が各地で、またオンラインで開かれ、お互いの作品を評したり、新人歌集の批評会を催したり、短歌における「リアル」問題を論じあったりという熱い一面はあるが、「かばん」誌全体の組織的文学運動ではないと思う。

ここで昨今の新しい歌に関しての感慨を、少し述べておく。「かばん」の新人特集号の他に、ここ三年ほど、ある団体の新人賞の選考にかかわるなかで、一〇〇冊以上の第一歌集を読んできたが、何より痛切に思うことは、本当にあらゆるものが歌の材料に採用されるようになった、ということである。これは「かばん」周辺ならば特に顕著なのだが、いわゆる幻想的な作品が普通に目に入る。従来の短歌素材ではなく、天文学、物理学など理系の世界観、アニメやコミック系のサブカルチャー、ＳＦ小説やファンタジーへの言及といった異種素材へのリンクが張られるだけではなく、奇妙な見立てや視点、情報の一部欠落による、あいまいな物語への開かれかたは、何らかの世界構築よりも、断片的な「（詩的な）つぶやき」を目指している。

さよなら地下室ゆめには風が吹かないと教へてくれてうれしかつたよ

山田航（「かばん」二〇一二年一二月号）

明け方の雲や鳥や自転車が私の価値観を照らすなり

堂園昌彦『やがて秋茄子に至る』（港の人、二〇一三年）

青鷺の翼を閉じた後ろ手のどこか消沈しているところ

山中もとひ『理想語辞典』（現代短歌社、二〇一五年）

何の地下室、どんな価値観、どこの青鷺、そうしたデータを平然と欠落させながら、歌は心情とやわらかく混ざり合う。この説明のなさ、禁忌のなさ、まるで水に流したマーブル模様のような言葉の均質感。正直に言って、このなにげなさは、旧世代には羨ましくもある。

SF歌人のはしりのように言われていた私にとって、「ここ」から「彼方」へ跳ぶことは、短歌コンセンサスにおける掟破りのワープであり、「ブッキッシュ」であるとか教養主義的であるとか、現実的ではないという評され方をしたものである。つまり八〇年代ごろまでは、それだけ、みながしっかりと着地している堅固な「現実（らしさ）」があったのだと思う。

しかしバブル崩壊ののち、二〇〇〇年を越え、『ハリー・ポッター』シリーズを皮切りに、『指輪物語』『ナルニア国ものがたり』など、大がかりな別世界ファンタジーが、怒濤のごとく「実写」映像化されはじめると、どのような荒唐無稽なできごとも、当たり前の視覚映像（現実）として私たちに届けられることになった。現実に見えないものは存在しないのだ、と言うことはもはやできなくなり、CGによる映像技術の進歩は、すべてのSFやファンタジーを、非現実の物語ではなくしてしまったのである。私は初めのうち、ファンタジーが一般市場でも市民権を得たことを喜んでいた。しかし、それはファンタジーが市民権を得たのではなく、これまでの確固たる「現実」が市民権を失ったのだった。日常の視覚体験へと翻訳されたファンタジーやSFは、「獲得された現実」「拡張された現実」となり、あいまいな「新・現実」のがわに組み込まれるとともに、かつてもっていた「驚異」「隔絶感」「崇高感」を喪失した。

こうして「ここ」と「彼方」（これは別の意識とも言いかえられる）のあいだの遙かな懸隔は、ゆるやかな連続となり、ふたつは集合的意識の上で架橋されてしまった。巨人も宇宙戦艦も、幽霊も狼男も、神話の神々も異人も、小説や映画の主人公も、歴史上の人物も、そして自分の家族や恋人も、すべてが「ここ」に引き寄せられ、浮遊する情報の断片となった。そして私たちはそれらを自由に並べ、つなぎあわせて詩歌を作ることが許されるようになった。

こたつから這い出た彼のジーンズは遠い母星の色をしていた

吉岡太朗『ひだりききの機械』（短歌研究社、二〇一四年）

モロボシ・ダンみたいな眼鏡ずりあげて見えない星をみようとしてる

秋月祐一『迷子のカピバラ』（風媒社、二〇一三年）

叙情的なメロディの中に、「ほら、わかるよね」と指さす言葉。これは新しい「現実」の共有要請だ。ネット世界の膨大な図書館は、多くの人に開かれている。固有名詞がわからなくとも検索をすれば、一時間ほどでその物語と趣意を理解し、取り込むことができる。やさしくゆるくつながっている意識の中に。

しかし、これは現実と想像が両立する「驚異的現実」、つまりマジック・リアリズムの力強さとは違う。マジック・リアリズムを南米の文学運動に限定すればだが、そこにあるのは、幻想への憧れや現実への不信、繊細な「ためらい」などではなく、ただ野太い、原「現実」である。J・コルタサルや、G・ガルシア＝マルケス、J・ルルフォらの繰り出す確信に満ちた語りは、凄まじいぶあつさで信じられ共有されている風土の意識に根ざしている。そこでは神話は神話ではなく、問答無用の現実の不敵さを持つものであり、それは共同体成員に共有される意識のスフィア（圏）の中にある。そこに太く棹をさしていることから、彼らの小説の圧倒的な生命感が生まれてくる。

この魔術性は、西欧の幻想芸術が日常の意識の閉塞を打破しようと、二〇世紀初頭に模索したキュビスムやシュルレアリスムのスタティックな「違和」感探しとは明らかに違う。つまり他者性（アザーネス）の侵入による驚きを求めるか求めないかで言えば、その違和の驚きがトドロフの「ためらい」理論などを生み、「幻想文学」は、神秘体験や崇高を求めて、このアザーネスに手をのばそうとしてきたが、その二元性はさきに書いたように、今ではヴァーチャル・リアリティの万有の中に消失し、詩はその情報の欠片の浮遊する中にあって、あれを掴み、これを掴むランダムな動きのみで、そんな「幻想文学」の平坦な成就の場所と化しつつあるかのようだ。

そして、現代においては、「ここ」しか「詩」が紡ぎだされるべき地点はない。かつてのような「現実という素材」vs「詩歌的宇宙（虚構の素材）」の対立ではなく、「日常意識」vs「濃密な変容した意識」という心の圧の問題に、詩の相が、明らかに移ってきたように思われる。

五感に感知でき、共有、同期できるすべてのものが「現実」である現在では、信じるとか、幻視するとかいう言葉で、集合意識の同意の輪（かつてはとても狭く制約的だった）の外の対象に何かを投げかけ、託するのではなく、すべてをひっくるめて、個人のマジック・リアリズムの密度をどれだけ強められるか、そういうところに来ているると思うのである。

そんななかで多くの若者にとって、また私にとっても、最もそれを体現していると感じられるのは穂村弘である。彼が特殊なのは、歌う内容ふくめて文体がためらわぬ太い確信に満ちあふれているからだ。「サバンナの象のうんこ」（「サバンナの象のうんこよ聞いてくれだるいせつないこわいさみしい」『シンジケート』）はただの情報の一片ではなく、幼児が注視する魔術的物体のごとく見つめられている。他のものではいけない、というかオルタナティブ（代替可能性）が彼の中には存在しない。この語り口を巫者的言語、ヒエラティックな文体と呼ぶべきかもしれない。

原初、定型詩が巫者のものであったことを思い出させるのが穂村の視線である。定型（韻文）という魔術的な言語が、心の圧を凝縮したシャーマニックな「詩歌」を生み出してゆくこと、現在の浮遊する情報の〈つぶやき〉の中を見回しながら、私もそれをせつに期待している。

補遺「初期化された視線――穂村弘と宇宙人ジョーンズ」

二〇一八年が明け、穂村弘の新歌集『水中翼船炎上中』（講談社）を目にすることができた。穂村は独自の言語感覚を持つ、カリスマ的な歌人であるが、近年は批評やエッセイの仕事が多く、歌集自体を世に問うたのは実に十七年ぶりである。

意外にもそれは『手紙魔まみ、夏の引越し（ウサギ連れ）』（小学館、二〇〇一）の饒舌でカラフルな少女の発語の延長線上にはなく、原点回帰ともいうべきナイーブな、子どもの体温のぬくもりを両手の中にかかえているといった作風に戻っていた。『シンジケート』（沖積舎、一九九〇）や『ドライ　ドライ　アイス』（沖積舎、一九九二）のころの、世界に対して無垢に驚く姿勢である。

カゴをとれ水を買うんだ真夜中のローソンに降る眩しい指令
ハイドンの羊あたまの肖像を見上げる夏の音楽室に
髪の毛がいっぽん口にとびこんだだけで世界はこんなにも嫌

この歌集で改めて感じたのは、穂村は世界の中に「違和」を（若い歌人がよくやるように）意地悪に、見つけようとはしていない（以前もしていなかった）ことだ。世界はそのままで豊穣であり、その豊穣に驚く。違和を見つける、ということはそれを自分の圏域に少しだけ入れてみて、ジャッジを下すということである。ときに、それは不条理な世界への呪詛になることもある。

しかし穂村の視線は、あたかも――宇宙人ジョーンズ（缶珈琲のＣＭ）のごとく――中立的に無防備に驚いている。「羊あたまの肖像」は、ただそのように見えるだけなのだ。「髪の毛が口に入った」気持ち悪さは、確かに全身の「嫌」感に広がるが、それは一刹那がそうであるだけであって、世界全体がじわじわと腐食してゆく予兆にはならない。

どうして穂村の視線は、つねに「初期化」されていることができるのか。膨大なデータや感想を背後に持ち、それらを濾過しつつ何かを言う多くの先人たちに比べると、不思議な「初期化の無垢」の才である。

ひまわりの顔からアリがあふれてる漏斗のようなあおぞらの底

例えばこの歌には夏が終わる感慨とか、昆虫の逞しさとか何かへの誘導の導線はひかれていない。そのラインを引いてしまえば、短歌のような短詩型は楽である。何が言いたいのかすぐにわかる。しかし、穂村の言葉はただ呪文のように滴る。たぐいまれな事実の密度で。「この惑星の住人は――」と宇宙人ジョーンズは語る。彼もまたおかしな習慣や快適でない行動を見ききしたあとで、「疲れることが嬉しいらしい」「しかしこの惑星の豆柴はかわいい」「イチキュッパが大好きだ」と、奇妙な無垢な発見へと折れてゆく。価値判断の保留ということではなく、ただそういう意識なのだ。

瓶詰めのアスパラガスのなんだろうこの世のものではないような味
最近の肩は改良されたのか子どもの肩ってよく抜けたけど

ここで語られているのは、ノージャッジの発見である。何かにタグづけされていない「事実」だ。それは「事実」なのだから、確信でしかありえない。それを見ている作者の意識は「宇宙人ジョーンズの意識」に近く、査定も比較も違和の剔抉もそこにはない。それだから、私たちは地面から二、三メートル浮揚させられたように驚く。意識のまっさらな浮揚である。
穂村の歌が独自なのは、さまざまの物語や体験のネットワーク（例えば戦争や学校生活や時代の流行）につながって普遍性を得る歌ではなく、初期化された幼児の（だからこそもっとも普遍的な）意識がむきだしになっているからだ。

くてんかなとうてんかなとおもいつつ。をみつめている風の夜

ジャッジ未満の意識が、あたかも細胞に受肉したばかりのようなたゆたい。


(ところで宇宙人ジョーンズと、コミュニケーション・ロボットのペッパー君が対決するCMもいくつかある。そこではペッパー君は、宇宙人以上に、宇宙人的無垢の持ち主である。

建設現場で、私はキケン作業ができません、と公言するペッパー君は、作業員どうし(ひとりはジョーンズ)の喧嘩が起きると、駆けつけていって、「ほらほら、ロボットなのにこんなになめらかに腰が動くんですよ~」と、得意げにツイストしてみせる。みんなはこの無意味さに、毒気を抜かれて散ってゆく。

穂村弘は、どうもこのペッパー君のソフトをどこかでインストールされているような気がしてならない。)

Ⅳ

いま、ここのファンタジー

第10章　「つくも神」
——妖精・妖怪が環境知能として復活する

はじめに

数年以上前から、書店でしばしば「つくも神」のタイトルを見かけるようになった。世紀末には水木しげるブームに続いて、京極夏彦の『姑獲鳥の夏』（一九九四）に始まる、ミステリに妖怪を仕込んだシリーズが人気を博し、また第十三回ファンタジーノベル大賞優秀賞を受賞した畠中恵の『しゃばけ』のシリーズ、[*1]児童文学では香月日輪の「妖怪アパート」シリーズ[*2]など、妖怪文化の人気が高まっていることは夙に明らかだった。

ことに『しゃばけ』や「妖怪アパート」では妖怪や幽霊が身近な親しみの対象となっており、かつては「むこうがわ」の世界にいた存在が、平然と「こちらがわ」に居着いて共存共生している状態だ。『しゃばけ』には「屏風のぞき」「鈴彦姫」のようなつくも神も登場しており、日常の道具が生命を得て、主人公を助ける。モノとのこの親和性については、鎌田東二編著の『モノ学の冒険』（創元社、二〇〇九）に詳しく、陰翳や気配など、日本固有の精神性を強くまとった感覚のようにも感じられる。

妖怪ブームの一端がやや突出した形であらわれはじめた「つくも神」。このブームはいったい何なのか。

日本の児童文学やライトノベルに多出する「つくも神」もの

二〇〇〇年を越えたあたりから、児童文学およびYA向けの国内の小説に「つくも神」ものが目立つようになる。[*3]「つくも神」は妖怪の一種なので、一九九〇年代ごろからの「妖怪ブーム」の追い風をもちろん受けている。

「つくも神」とは何か。小松和彦は「付喪神は、人間が製作した器物のなかに宿る精霊もしくは年を経ることを通じて器物が獲得した精霊の妖怪化したもの」「器物起源の妖怪[*4]」と定義している。さらに、これに続けて、元来の「九十九髪」という言葉から考えると、年老いた人間が妖怪化するということと、器物が老いて変化することは同じ考え方であると捉えている。それゆえに、生き物が年を経て妖怪化したものも含めて「つくも神」であり、しかし狭義には器物の妖怪をさすととってよいと思われる。

どのように「つくも神」なる妖怪が生まれてきたかについて、小松はまた次のように説明している。

日本文化はその基底にアニミズム的観念をもっているが、中世になって、日本人は自然物の霊魂を見いだすアニミズムを拡張させて、人間が作った道具のなかにも「霊魂」を見出すようになり、道具の妖怪化もおこなわれるようになったのだ。

室町時代には、道具の妖怪たちを主人公にした『つくも神絵巻』が作られた。「つくも神」とは、もともとは「作られてから九十九年経った道具の霊魂」という意味であったが、後には古道具の妖怪の総称となった。（中略）

興味深いのは、古道具が鬼になっていく過程である。すぐには鬼に変身せず、道具に目鼻や手足がつき、次第に道具の性格を失っていって、やがて完全な鬼になるのである。ところが、鬼になる過程の一段階であった、道具の属性を体の一部にとどめた異形のものが、おそらく人びとの注目を集めたのだろう、その後、その姿かたちに固定されてしまう。それが、古道具の妖怪（つくも神）として登場することになった。つまり、すべての古道具は妖怪になることが可能となり、妖怪の種類は一挙に増加することになったのである。『百鬼夜行絵巻』は、こうした古道具の妖怪たちが、夜の町を楽しげに行進する様子を描いた絵巻である。

妖怪の種類が増加したもうひとつのきっかけは、一八世紀後半の浮世絵師・鳥山石燕の『画図百鬼夜行』シリーズの刊行であった。これはいわば当時の妖怪図鑑である。そこには、書物や芝居、民間伝承などを通じて集められた数々の妖怪（存在―妖怪）が、一ページにひとつずつ描かれた。[*5]

身近な道具に手足が生えた妖怪が生まれると、次にはそれが絵巻や図鑑によって定型化、造形化され、さらに広まってゆく。こうして妖怪はひとびとの生活に寄り添うものとなり、現代の妖怪絵師水木しげるがさらに多くの妖怪に形を与え、最近では『妖怪ウォッチ』のブームもあいまって、その流れを助長しつつある。

ここで平成年代の児童文学における「つくも神」登場作品を二つ取り上げよう。まず伊藤遊『となりの蔵のつくも神』[*6]。

主人公の少女ほのかは小学校高学年。住んでいるマンションは老朽化が進み、隣の土地を買い取って建て直しをもくろむ住民もいる。しかし隣の土地には、古い土蔵をもつ家があり、ひとり暮らしのおばあさんが住んでいる。

ほのかはエレベーターの中で、あやしい鍾馗人形に出会ったり、ネツケと名乗る、わけのわからない存在に暗いなかで手を握られたりする。それらは、昔よく遊びにいった隣のおばあさんの家の、土蔵にしまわれたものたちがつくも神化したものだった。

子どもたちと長く遊んだ人形や風呂敷やキセルが、いつのまにかつくも神となる、という設定なので、それらは昔を思い出させる懐かしいものとして登場する。つくも神たちは、マンションの意地悪なおばさんや、ほのかのお兄ちゃんの悪い仲間を、ちょっとこらしめたりもする。

こちらは少し前ののどかな児童文学らしい味わいの作品で、それぞれの道具たちにも強い意志や怨念や独特の世界観は見られない。ひびの入った臼などは、今でもおばあさんの味噌づくりのてつだいをしたり、ネツケはこわれたものを集めて直そうとしたりと、伝統的なモノと人との共生感が語られる。「つくも神」のオーソドックスなスタイルだ。

これに対して、最近の新しい作品に「ものだま探偵団」シリーズ[*7]がある。主人公はこちらも小学校高学年の少女で、「ものだまの声がきこえやすい」町に引っ越してくる。「ものだま」とは魂を持つに至ったモノである。

「『ものだま』は、人からよく話しかけられる『もの』に宿るんだ」

「そうそう」

またさっきの男の人の声がわりこんでくる。

「人々の思いを受けとめてきた『もの』っていうのかな。たとえば、駅前のポスト。むかしから『願かけポスト』って呼ばれてたんだよね。入学願書をあのポストにいれると合格《ごうかく》する、とか、応募《おうぼ》ハガキが当選しやすい、とかねえ……（中略）……それで、みんな、願書や応募《おうぼ》ハガキを出すときは、ポストの頭をなでながら『お願いします』って頭を下げていくようになったんだよ」（『ふしぎな声のする町で』[*8]）

この第一巻では、お母さんの古いトランク、第二巻では、駅の伝言板、第三巻では骨董品のチェスの駒が、子どもたちに語りかけることで、自分の居場所や存在意義を再確認する。特定の個人や家族だけではなく、ポストや伝言板など不特定多数の人に愛されたものも魂を獲得しているところが目をひく。ここが後述の「環境知能」につながってゆく新しいポイントだと感じられる。

その他『アンティークFUGA』シリーズ[*9]など、物語が古い骨董の世界に根を張るものも多く、ここでは深く立ち入らないが、特にライトノベルには古書や骨董、古着や道具を手がかりに、過去へ思いをさしのばしてゆくタイプのものが多くなっている。

海外児童文学作品におけるPCと妖精

ところで、こうした器物の「つくも神」は、もともと西欧には存在しないようだ。妖精や幽霊など別の存在が取り憑いて動き出すことはあっても、そのモノ自体が魂を発生させることはないとされる。[*10]

しかし、最近の海外児童文学においては、そうした「取り憑き」によってというか、何らかのものが入り込むことによって、その器が「つくも神」的にふるまう例が見られる。その器の多くはPCである。

ここではスーザン・クーパーの『古城の幽霊ボガート』（掛川恭子訳、岩波書店、一九九八、原著は一九九三）と、マーガレット・マーヒーの『ポータブル・ゴースト』（幾島幸子訳、岩波書店、二〇〇七、原著は二〇〇六）を取り上げてみたい。まず『古城の幽霊ボガート』は次のような物語だ。

スコットランドの古城の最後の当主が亡くなり、その遠縁のヴォルニック氏が相続をすることになった。彼はカナダ在住で劇場を経営、妻は古道具屋、ふたりの子供エミリーとジェサップがいる。一家はトロントからスコットランドまで古城を見に来て、売りに出そうと思う。しかし、めぼしいものを選んでカナダへ送った家具のひとつに、城に住んでいた妖精ボガートが入りこんでおり、ヴォルニック一家をさんざんいたずらで翻弄する。

やがてスコットランド出身のシェイクスピア俳優の話から、ボガートという妖精の存在が浮かび上がってくる。故郷へ帰りたいボガートはコンピュータの中に入りこみ、古城の情景をディスプレイに映し出し、自らの意志を、画面のゲール語の文字で、続いて音声で、ジェサップに伝えたのち、彼の作ったコンピュータゲームの中のブラックホールに入りこんで消えてしまう。彼の友達の少年はゲーム全体をディスクに収め、スコットランドに送る。城の管理人一家の息子トミーのコンピュータの中から、ボガートはよみがえり、めでたく城に帰ることになる。

この作品のハイライトをなすボガートのいたずらエピソードで、特徴的なのは、目に見えない妖精の魔法と電気のなじみのよさだ。ボガートは、ミキサーや信号機をいたずらしたり、劇場の照明を自由に変化させたりし、最後にはコンピュータに入りこんで語りかける。

コンピューターの中では、ボガートがわれを忘《わす》れるほどの大よろこびをしていた。ボガートは照明の光の使い方を身につけるために、まず手はじめに、スペクトル全部の光をひとつずつ使ってみた。そして光の言語を理解したいまは、そのことばを使って話していた。自分の魔法《まほう》を駆使《くし》して、この新技術の世界の魔法をあやつっていた――そしてこのふたつの魔法が結びついた結果は、おどろくべきものだった。劇場《げきじょう》では、エミリーも、ジェサップも、劇団員《げきだんいん》も、全員がそろって、息を殺して見守っていた。これまでこんなものは、舞台上《ぶたいじょう》で見たことがなかったからだ。照明は役になりきった役者が舞台上で語ることばのこだまさながら、まるでうたうように神秘的《しんぴてき》に色合いを変え、ゆらめき、明るくかがやいた。(一六八―一六九頁)

ボガートは、さっきまでテーブルの上にちょこんとすわりこんでいたのだけれど、通りの上に張ってある市電の電線に気づいたのだ。あの電線の中には、この町ではあれさえあればどんなことでもできるらしい、魔法《まほう》の力とおなじものが流れているにちがいないと思うと、なにがなんでも、市電に乗っている人たちをからかってやりたくてたまらなくなった。ボガートは大よろこびで外に出ていくと、電線のつぎめにとびのって、ヴォルニック家のテレビのチャンネルでいたずらをしたときのように、電線の中の力をもてあそびはじめた。(一八〇頁)

目に見えない妖精の力は、現代人にとっては電気の力と同質のものとして捉えられる。劇場の照明にせよ、電線の操作にせよ、一般の人々にとって最初は「魔法のような」事象であったものが、ふたたび妖精の魔力と「結びついて」も何の不思議もない。妖精などいない、とされたのちに、テクノロジーが模倣して再構築したのは、まさしく魔法あるいは妖精のわざだった。最後のシーンで、スクリーンの上に動く映像は伝統的な妖精そのものだ。

スクリーンは真っ暗、真の闇《やみ》だった。いや、ただひとつ、小さな青い光の点が、中央で明るくかがやいていた。目がくらみ、あえぎながらも、トミーはその点を見つめつづけた。青い光がかすかにとびはねた。まるで踊《おど》りをおどっているようだった。すると、少しずつ、少しずつ、緊張《きんちょう》がとけていくような感じがしはじめた。心からも体からも力がぬけていき、不安からも解放されていった。緊張がとけていく暖《あたた》かくて気持ちのいい音が、部屋いっぱいにあふれていくのが、聞こえるようだった――それがネコが気持ちよさそうにゴロゴロのどをならしている音そっくりだとわかると、トミーは大声で笑いだした。笑いたいという気持ちが、トミーをまわりじゅうからとりまいた。トミーはボガートの幸福感の中心にいた。ふしぎに思いながら立ちあがると、ネコがのどを鳴らしているような音が音楽のように、トミーをつつみこんだ。（二八〇―二八一頁）

ボガートはＰＣに乗り移って、それを妖精の新たな依り代として操りながら、完全に同期して喜びの声を立てる。この場面は、電気と魔法の表面的な現れが似ているだけでなく、実は両者の本質が同じであることを示している。電気パルスと妖精の波動はなじみがよいのだ。

妖精ボガートは一応自分本来の姿を持っているので、このあとディスクから出てゆくが、次の『ポータブル・ゴースト』になると、幽霊が主人公なのでPCとの一体化がさらに徹底している。

『ポータブル・ゴースト』には二種類の幽霊が登場している。伝統的な幽霊と、エネルギーにまで退化してしまった怨霊だ。幽霊の見える少女ディッタは図書館で、読みおえられなかった本に取り憑いたままの幽霊の少年ヒリーに遭遇する。

いっぽう同級生の少年マックスはポルターガイストのような現象に悩まされていた。夜な夜な床板が波打ち、PCからうめき声が聞こえる。ディッタは、幽霊同士なら話ができるのでは、と思いつき、ヒリーの取りついた本をもって、マックスの家へ行き、PCのスイッチを入れた。

そのとき、とつぜん異変《いへん》がおきた。コンピューター全体がまぶしいほどの光を発したのだ。画面はまるで内側《うちがわ》にすいこまれたようになり、そこに巨大《きょだい》な口があらわれてディッタたちに歯をむいた。画面のふちからは不気味《ぶきみ》な光がもれ出ている。ギラギラ光る歯が見えたかと思うと、さらにのどの奥《おく》がグルグル回ってせりあがってくる。同時に、いままで聞いたこともないようなおそろしい音が聞こえてきた。うめき声のようだけれどうめき声ではなく、さけび声のようだけれどさけび声でもない、冷《つめ》たい声……氷のように冷《つめ》たく、はげしい怒《いか》りと、どうしようもないさびしさにみちた声。ひとつの声なのに、そこにはほかの声がたくさんまじっているようにも聞こえる……荒《あ》れくるう、不気味な声、声、声。（七六頁）

ＰＣそのものが怒れる霊に取り憑かれてしまう。暴走するこのＰＣと、どうすれば対話できるのか。ディッタの妹ミラベルは、怪物と化したこのＰＣに立ち向かう。「やわらかい心臓のようにドクドクと脈《みゃく》うっている」マウスを操って「四角い口」（一三五頁）の怪物たるＰＣと対決し、クリックし、「幽霊をディスクに保存」（一三七頁）することに成功する。

無機物であるＰＣは霊が入り込むことによって、新たな生き物に化したのだ。

子どもたちはディスクを持って、この家の以前の持ち主の老人のところへ話を聞きにゆく。波打つ床材に使われていたのは、大昔の甲板長の墓に植わっていた木だった。幽霊の正体は、どうやらこの甲板長らしい。老人のノートパソコンの中で、少年幽霊ヒリーは甲板長と会話し、甲板長が、この老人の祖先に殺された恨みでこの世に残っていたことを突き止める。こうして因縁の糸は解れたものの、霊は消えていくどころか、ディスクの中に安住し、言いたいことがあるときにはPCの中から語りはじめ、歴史の生き証人として生きてゆくことにする。

PCは彼の第二の身体となり、妖精ならぬ彼自身も永遠に生きることが可能になったのである。

人工知能とつくも神

この二作品に明らかなように、姿を持たない霊や妖精はコンピュータを通じて自らをあらわし、恰好の乗り物、あるいは第二の体を得たかのように意志表現をする。PCすなわち人工知能自身が、生命を持つかのような知的なふるまいをする現代においては、それがさらに何らかのきっかけで生き物へと進化すると感じるのも自然な発想であろう。

実は日本にも同じパターンの人工知能の「つくも神」ものがある。TVの「ケータイ捜査官7」[*11]シリーズでは、手足の生えたケータイ（まさに「つくも神」的）が、持ち主の刑事と協力して犯人を検挙し、『手のひらに物の怪』シリーズ（スニーカー文庫、二〇〇九－）では、ケータイ電話が少女の姿のつくも神になる。古い万年筆やトランクだけでなく、身近な人工知能機器が新たに、つくも神の地位にスライドしてゆき、人間と共生関係を深めるのは、現代において当然の流れかもしれない。

それはモノの生命化であるとともに、モノのエネルギー化、情報化をも同時に達成している。この両立について、荒俣宏は次のように述べている。

二十世紀末に水木妖怪学が「まんが」というマルチメディアに乗って世界に広まったことは、きわめて重大な意味があるといわざるを得ません。なぜなら、二十一世紀はいよいよ本気で「見えない世界」「さわれない世界」にリアリティを求める新時代に突入するからであります。それが情報化社会の本質といえましょう。新たな妖怪世界の開花とも申せます。

本来は数字やパルスにすぎないような、大脳で感じた世界を、目や耳や肌のリアリティにまでつなげてやること。その担い手が、一つにはコンピュータなのであります。この機械が、イメージとリアリティを結合させるのです。*[12]

妖怪や妖精はもともと気配に近い存在であり、誰にでも見えるというものではない。その微妙な電気信号を、客観的に可視化、可聴化してくれるのが、コンピュータの機能であるとすれば、サイバー空間と目に見えない精霊の世界は今やみごとに重なり合う。コンピュータは、思念であれ雰囲気であれ、すべてを五感で感じられる形に具現化すること、すなわち妖精の世界を現前化させることができるのだ。

それを利用して、現在では「環境知能」と呼ばれるセキュリティ・システム、そして癒しのシステムが開発されようとしている。

ＮＴＴコミュニケーション科学基礎研究所が、このコンセプトのもとに発表したのが、「妖精・妖怪の復権――新しい〝環境知能〟像の提案[*13]」である。論文冒頭にはこう記されている。

私たちの身近にいつも寄り添い、見守り、そっと支えてくれる存在、かつて私たちはそれを「妖精・妖怪」と呼んでいた。物質的な利便性より精神的な安定と豊かさを追うべきこれからの時代に、情報科学技術が取り組むべき課題はこの妖精・妖怪の復権である。本論文では、それを新しい「環境知能」と呼ぶ。復権すべき妖精妖怪の世界とは何か、情報科学技術との接点は何か、それにより実現される生活様式は何かについて論じるとともに、環境知能の実現に向けて今後取り組むべき具体的課題を提起する。

この論文は妖精・妖怪の果たしてきた心理学的役割を解きあかしたのち、それを踏まえて将来の住宅のありかたを提言、構想する。「まっしゅるーむ」と名付けられた茸に似た妖精が、その家の老夫婦にセキュリティの状況を知らせたり、夫妻の記念日を思い出させたり、あるいは音声や動きで慰め、元気づけたりといった役割を担うさまが描かれている。この妖精はディスプレイの中に住むだけでなく、物を動かすこともでき、ペットでもあり、守護者でもあり、アドバイザーでもある存在として機能し、つまりはコンピュータが家という環境と一体化したものと言えよう。見えない気配であった妖精・妖怪を、二十一世紀の見えないパルスである情報テクノロジーが現実化する。

竹内郁雄はこの「まっしゅるーむ」について、完全な黒子の「環境」でもなく、「道具」でもなく、いわば「コミュニティ」だと言う。人とITをつなげるインターフェースであり、これが妖精、妖怪の役割なのだ。[*14]

そもそもの初めから妖精や妖怪は、環境を人格として人間へと橋渡しする「コミュニティ」の存在だったのではないだろうか。

そして、このような新しい空間においては、旧来の意味でのフェイクと現実の区別は消え失せ、環境とは所与ではなく人がデザインして作りだすもの、ハイパー・リアリティの創成そのものとなってゆく。[*15]

おわりに

現代において書物は印刷から電子文字の情報へ移行し、楽器の音はコンピュータで作られ、画像は一瞬に複製され、３Ｄプリンターは設計図からただちに本体を生みだしている。文化を支えてきたすべての道具から、それに働きかける物理的力や職人技、また固有の物質性が剝奪され、みるみるうちにサイバー世界の記号へと解体されてゆく時代である。

Ｗ・ベンヤミン[*16]が言うように、モノのオーラや唯一性も失われてゆくかのごとく見えるのだが、こうして「つくも神」というポイントから考えると、実はそうではないことが見えてくる。

物質が情報に転換される、ということは、そうした流動的な量子力学的なエネルギーと固い物質が、スペクトルの中で連続になることだ。つまりモノが情報化・エネルギー化されることにより、より生命化（アニメイト）されうるという感覚も、私たちの心の中で自然になってきたように思われる。

自然から生まれた妖精や妖精に加えて、人工のモノに魂が宿る「つくも神」が、人にとって新たな親和的「環境」を作り出す時代はすでにやってきている。[*17]

＊1　二〇〇一より。最新刊は『むすびつき』新潮社、二〇一八
＊2　二〇〇三－二〇〇九。二〇〇四年に第51回産経児童出版文化賞フジテレビ賞受賞
＊3　たとえば
加藤実秋「クマ刑事」シリーズ『アーユーテディ？』（二〇一〇）『テディ・ゴー』（二〇一二）『マイ・フェア・テディ』（二〇一三）『クマ刑事』（二〇一五）（TVドラマ化）いずれもPHP文芸文庫
御堂彰彦『付喪堂骨董店』シリーズ、電撃文庫、二〇〇六－二〇一〇
畠中恵『つくもがみ貸します』角川文庫、二〇〇七、『つくもがみ、遊ぼうよ』角川書店、二〇一三、『つくも笑います』角川書店、二〇一九
慶野由志『つくも神は青春をもてなさんと欲す』シリーズ、スーパーダッシュ文庫、二〇一三
淡路帆希『海波家のつくも神』現在2巻まで、富士見L文庫、二〇一四－一五
水生大海『まねき猫事件ノート』ポプラ文庫ピュアフル、二〇一四、など
＊4　小松和彦『憑霊信仰論』講談社学術文庫、一九九四、三二八頁
＊5　小松和彦『妖怪文化入門』せりか書房、二〇〇六、一七－一八頁
＊6　ポプラ社文庫ピュアフル、二〇一三（二〇〇四刊の『つくも神』を加筆訂正したもの）
＊7　ほしおさなえ『ふしぎな声のする町で』徳間書店、二〇一三、『駅のふしぎな伝言板』二〇一四、『ルークとふしぎな歌』二〇一五、『わたしが、もうひとり？』二〇一七

＊8　『ふしぎな声のする町で』一〇二頁

＊9　あんびるやすこ、全七巻と外伝、フォア文庫、二〇〇七－二〇一二

＊10　荒俣宏、小松和彦『妖怪草紙』小学館　学研M文庫　二〇〇一
初出は工作舎『妖怪草紙――あやしきものたちの消息』一九八七

荒俣　ヨーロッパでは、もの自体が化けるというのは、ほとんどありません。

小松　付喪神に対応するものって、ほとんどヨーロッパにはないよね。ボッシュの絵の中に多少あるようですが。

荒俣　日本とちがって西洋では、道具を人間が作り出しているという意識が、非常に強い。だから人工物には霊は宿らないんです。霊は、自然のままのものに宿る。同じ木でも、切って器物にしてしまうと、もうだめ。自然木なら精力をもっている。日本でも、柳や巨木の伝説があるけど、そういうものに近い。その代わり、使い込んだ器物が、生命力をもってくるということは、あまりないですね。『魔法使いの弟子』という有名な民話がありますが、話の中ではホウキが動いたりするけど、あれは魔法使いが動かしている。人工物はそれ自身で動き出すことはない。日本では加工物でも生きている。

小松　家屋でもそうでしょう。日本の家は、木と紙で作る。だから、家自体に霊も宿ったりする。

荒俣　ヨーロッパのギリシア以降の文化は、家を石で作る。耐用年数が人間の生活スパンよりはるかに長いわけです。五世代ぐらい、かんたんにもっちゃう。つまり一世代ぐらいで、化けたとかは言いにくい。（三〇

三―三〇四頁）

*11 「ケータイ捜査官7」シリーズ　TVドラマ　日本テレビ系列　二〇〇八―二〇〇九放映

*12 荒俣宏「妖怪博士は宇宙の偉人」『妖怪まんだら　水木しげるの世界』世界文化社所収　二〇一二、一一一頁

*13 前田英作・南泰浩・動坂浩二「情報処理学会創立四十五周年記念〝50年後の情報科学技術をめざして〟記念論文」『情報処理』四七巻六号、二〇〇六、六二四―六四〇頁

*14 外村佳伸、前田英作編著、竹内郁雄、東浩紀、石黒浩他、『環境知能のすすめ』remixpoint 発行（丸善発売）、二〇〇八

*15 参考文献として
アンディ・クラーク『生まれながらのサイボーグ：心・テクノロジー・知能の未来（現代哲学への招待）』呉羽真、久木田水生、西尾香苗訳、春秋社、二〇一五
井辻朱美「映像化から環境化へ――ファンタジーの生むハイパー・リアリティ」『子どもの世紀　表現された子どもと家族像』神宮輝夫、高田賢一、北本正章編、ミネルヴァ書房、二〇一三など

*16 ドイツの哲学者（一八九二―一九四〇）。アウラ（オーラ）の概念で有名な『複製技術時代の芸術』の他『パサージュ論』『図説写真小史』など。

*17 また二〇一六年夏からの「ポケモンGO」（Pokemon GO）のブームは、日常の現実と映像のモンスターの重ね焼きによって、新たな環境体験を生み出した。

第11章　映像ならではの〝現実創出〟の試み
――映画『BFJ』はダールの語り口を超えて

あいまいな二層構造

ロアルド・ダールははたしてファンタジー作家なのだろうか？

一般的なファンタジー文学には、わりあいはっきりとした特徴がある。それは「現実部分」と「不思議部分」が分かれていることだ。『ナルニア国ものがたり』のように、あるいは『はてしない物語』のように、主人公は「現実」から、「別世界」へ行き、また帰ってくる（もちろん別世界のみが舞台であるような『指輪物語』系のハイ・ファンタジーもあるが）。別世界と現実との落差、別世界に投影された願望や夢、別世界の視点から逆照射される現実。この二重性が私たちを魅了するのである。基本的にファンタジーとは、比較によって「現実」を揺らすことを目的とした文学であるので、このような二層二極の構造を持つことが多い。

ダールの児童文学作品も一見、その構造にのっとっているように見える。しかし、よく読めば、「現実」の顔をした部分がヘンなのである。不遇な「現実」に暮らす子どもが、一転、夢のような「非現実」を体験するという構造を持つ作品が多いが、最初の「現実部分」がどう見ても明らかに「現実」ではない。

例えば『マチルダは小さな大天才』の校長先生ミス・トランチブルは、おさげが大嫌いだという理由で、女子生徒の髪をつかんでグラウンドの彼方に放りなげ、ケーキを盗み食いした男子生徒に巨大なケーキをまるごと食べさせる、虐待の枠を越えた、現実にありえない教師である。『おばけ桃が行く』の主人公をいじめる欲深な伯母たちもしかり、『チョコレート工場の秘密』で黄金切符を獲得する子どもの親はチョコレートを買い占め、自社のピーナツ工場をあげて皮むきならぬ銀紙むきをさせるなど、極度にデフォルメされた人間像ばかりだ。が、この大人キャラクターの外れっぷりが、子どもの喝采を得る点でもあり、『ハリー・ポッターと賢者の石』が一九九七年に出版されたときには、ダーズリー家のハリーへの虐待ぶりや一家で離れ小島にまで逃げ出す荒唐無稽さが、ダールから受け継いだものだとたたえられた。

では、この（一見）「現実部分」はいったい何なのだろう。多くの作品では、主人公たちの肉体がかなり痛めつけられている。『マチルダ』での体罰のすさまじさに加え、『チョコレート工場』のラストでは、わがままな子どもたちの身体が引きのばされたり、絞られて青紫色になったりと無惨に変形してあらわれるし、『ＢＦＪ』の悪い巨人は「角砂糖でもつまむように人間の子どもをボリボリかじる」。

こうした侵襲される身体のありようは、ライトノベルの文脈でいうならば「まんが・アニメ的リアリズム」ということになろうか。写実的な意味ではリアルでないが、「まんが・アニメ」の次元ではリアルである、そういうきわめて微妙で、現代ならではの「現実」のレベルだ。

ダールの作品は二層ファンタジーのように見えながら、すでに下層の「現実部分」が「不思議部分」になだらかに組みこまれていて一体成型なのだ。

新しい「現実」の誕生

では逆に「不思議部分」はどうか。小人族がチョコレートを作っていたり、おかしな虫たちがカモメの翼の揚力で巨大モモを浮かせてしまったり、こちらははなから「リアル」を蹴飛ばしているように見える。しかし、その「リアル」でないゆえんとは、現実に起こりえないから、という点ではなく、むしろ昔話の話法にのっとっている点である。例えばダールは言葉遊びのギャグが大好きである。ことに『ＢＦＪ』はダジャレと地口によって、現実を転倒させている箇所が多い。巨人の主食「ニンゲンマメ（beans）」はもちろん「人間族（being）」で、お国柄によっていろいろな味がするし、泡が下に向かって落ちる「泡立ちエキス」を飲むと、口からげっぷが出るかわりに、お尻から別種の気体が迸る。

こうしたナンセンスはルイス・キャロルやエドワード・リア以来の英国のお家芸で、言葉が暴走して現実を突き倒し、転覆させる楽しみをダールはよく知っている。中でも言葉のうえで残酷や荒唐無稽を操り倒す、昔話の直系のような作品が『BFJ』だ。巨人たちは「ジャックと豆の木」をトラウマにしており、ジャックの夢にうなされるが、昔話の世界は、ファンタジーであるからではなく、リアルな三次元レベルではないからこそ、無茶な比喩や残酷さがまかりとおるところである。手足をちょんぎられても血は出ないし、継母が子どもの首を櫃の蓋で切り落としても、悪者が焼けた鉄のくつをはいて踊らされても、それは、口承文芸ゆえの「語りのうえのこと」なのである。昔話の話法は、現実の生身の三次元世界のことではない。『ナルニア国ものがたり』をはじめ、ファンタジー文学が近年、ぞくぞく実写映像化されたのは、「現実部分」を現実として撮り、さらに「不思議部分」もまたきちんと制度化された別種の三次元現実として撮れるようになったからで、CGの進歩は「別世界」を（つじつまのあった）「現実の亜種」とするためのものとなった。

ところがダールの作品は困る。「不思議部分」が、生身の人間の三次元世界ではなく、昔話の話法によるマンガ的デフォルメに満ちた二次元世界であるために、それを三次元の実写にすると……困ることが多々あるのだ。観客は『おばけ桃』の虫たちをCGの実写で見たいだろうか？　巨人が子どもたちをむさぼり食うシーンを見たいだろうか？

楽しく読んでいた『チョコレート工場』がミュージカルでも洒落でもない形で、ティム・バートン監督によって全編、実写映像化されたときには、私もかなり内臓に衝撃が来た。体が変形してしまった子どもたちが嬉々として工場から出てくるシーンには言葉を失った。

『おばけ桃が行く（ジャイアント・ピーチ）』は、「不思議部分」を、可愛くてちょっとグロテスクなアニメの次元にシフトさせることで、虫たちをダールの描いた二次元のリアルにとどめた。しかし今回の映画は、モーション・キャプチャーを多用して、すべてを実写レベルのリアルに一本化しようとしたものである。巨人の穴に落ちた三人が食われて、「餌をやらないでください」の立て札が立つ昔話的シーンはカットされ、かわりに蛍めいた夢の玉の採取や、「おならの緑の光線爆発のアニメ的な美しさが「二次元のファンタジー風味」としてまぶされた。ドライでお茶目なダールのホラ話は、その本質たるクェンティン・ブレイクの挿絵のテイストのみを生かし、ヒューマンな一元的ファンタジーに生まれかわった。物語と実写映像のねじれを、あたうかぎりなめらかな「新たな現実」の創出をもってかえようとした意欲あふれる（おそらくは会心の）スピルバーグの試みである。

第12章　開花するファンタジー

『鉄仮面』の謎――あるいは、正典とは何か

子供のころ、お気に入りの本を読み返すたび、早く大きくなって、この話のフルヴァージョンを読みたい、と思っていた。

ぴんと来ない人がいるかもしれないが、わたしが小さいころは、「少年少女世界名作全集」が子供の読書の主流で、『ピーターパン』など、最初から子供向けに書かれた、それ自体がフルヴァージョンであるような作品はほんのひとにぎりにすぎず、ほとんどがもっと年齢の高いティーンや大人に向けた本のハイライト版だったのだ。『ロビン・フッド』や『覆面の騎士』（W・スコットの『アイヴァンホー』）『クオ・ヴァディス』のような歴史冒険もの、『ジェーン・エア』『ロミオとジュリエット』のような恋愛主体のもの、『名探偵ホームズ』『地底旅行』などのような科学的な現代もの（現代といってもいまを去ること百年前だが）。少女向けの『赤毛の

アン』や『若草物語』なども、細かなところが省かれているので、やっぱりフルヴァージョンではなかった。

お気に入りの物語を、もう一度初めから読みたい。

このお話の裏も表も、この本に書いてないことも知りたい。

その思いが高じて、中学生ごろになると、文庫に手を出しはじめた。そうして『紅はこべ』や『洞窟の女王』、『二都物語』のように、圧倒的にゆたかなディテールを与えられ、重厚な原作体験ができることもあった。しかし、同時に、あれっと思う体験も同じか、それ以上にあったのである。

たとえば『名探偵ホームズ』の原典はだれの訳で読んでも、わたしのあの「ホームズ」ではなかった。山中峯太郎の名調子で、ちょっぴりオーバーアクション気味に描かれたポプラ社の子供向きの全集にしか、いまだにわたしにとって生身のホームズは存在していない。柴田錬三郎がヒロイックに歌い上げた『十字軍の騎士』や『ポンペイ最後の日』、森三千代の『湖上の美人』の主人公たちは、時をへてもわたしの中で原作以上なのである。

これを、子供のやわらかな感性への刷り込みと言ってすませることもできるかもしれない。リライトした人たちがそれなりの名文家だった、ということもある。彼らは、冗長な原作のエッセンスだけをきれいに抽出して、あるいは強調して、子供の心に送りこんでくれた。

現代でいえば、幼少期に観たディズニー・アニメの『クマのプーさん』や『美女と野獣』を、あとになって読んだ原作が、上書きできないのと似ているのかもしれない。

しかし、それだけではすまない問題もある。それはいわゆる「翻案」の問題である。

ボアゴベーの『鉄仮面』は、講談社の「少年少女世界名作全集」で読んで以来、牢獄のおどろおどろしさと謎解きのスリル、ロボットを思わせる仮面の怪人の挿絵があいまって、フルヴァージョンを読みたかった本の筆頭だ。だが、なかなかこれにめぐりあえない。ボアゴベー作と称してはいるものの、後書きにはなぜか黒岩涙香の名前が歯切れ悪くほのめかされているばかりだ（涙香のその本は人名も全部日本名に置き換えているらしいうえに、こちらも入手困難だった）。しかし、ついに一九八四年、長島良三氏によってフォルチュネ・デュ・ボアゴベーの原作の全訳が三巻本で、講談社から出版される。

ちなみにこの物語は、フランス史上実際に存在した鉄仮面の囚人の正体をめぐる謎を、A・デュマ含めて何人かの作家が書いた歴史ミステリの一冊である。ルイ十四世の天下をひっくりかえそうとした某貴族が夜襲に失敗してとらえられ、どうやら鉄仮面の囚人としてあちこちの牢獄に移されているらしいというのを知った妻と同志が、必死の捜索活動を続け、洗濯物にまぜて暗号通信を送ったり、鑢や仮死状態になる読薬を送ったりして、脱獄させようとする。これに毒薬つかいのヴォワザン夫人や、オーストリアのユージェニー公の母たる侯爵夫人など実在の人物がからみ、虚実いりまじって、手に汗握る読み物だ。

だが、その三巻本を飛びつくように買って読んだところ、それは――わたしの親しんだ、怖くて面白いお話とは、まったく別物だった。一番印象的だった、仮死状態の間に顔がどくろ化した男と納骨堂で遭遇するシーンはどこにも見つからず、魔女裁判で火あぶりにされかかる寸前に救われたはずの魔女は、そのまま焼け死んでいた。生きているはずの忠義な部下はふたりとも死に、死んでしまったはずの地味な従僕が生きている。特にラストで、何十年もの時をへて年老いた妻が、脱獄に成功しオーストリアの将軍としてフランスに攻め入る夫と再会する感動のシーンは影も形もなく、「原作」では、亡くなった囚人の顔を埋葬時に改めることだけを許された妻と従僕が、鉄仮面を外された老人の顔に、かつての夫の面影を見いだしてがっくりとくずおれるのみだった。

では、これまでのボアゴベー作『鉄仮面』と銘打った本はいったい何だったのか。念のため、江戸川乱歩がリライトした子供向けの本（講談社世界名作全集、昭和二十五年）も古本屋で入手して確かめたところ、わたしが愛読した大木敦夫訳（講談社少年少女世界名作全集、昭和三十七年）とストーリーは寸分違わなかった。これではもう、答えは一つしかない。黒岩涙香が翻案したものを、後世の「訳者」はすべて踏襲していたのである。

涙香のその「翻案」（明治二十六年出版）も一九八〇年に旺文社文庫から一度、再版されており、今回、古本ネットで入手できた。はたせるかな、わたしのお気に入りのシーンや、胸打たれた名場面は、ことごとく涙香の創作であった。

しかし、なぜ長年、涙香の本のみが日本の読書界に出回りつづけたのか。そこには一種ミステリアスな事情があった。

涙香が、この作品を『鉄仮面』と銘打って新聞に発表したため、後世の研究者はフランス語の原書もそれに準じた題名であろうと思い、ボアゴベーの著作目録を探したものの見あたらず、いったい涙香は何を読んで書いたのかが、長年の謎となっていた。原書が不明なので、乱歩ふくめてリライトした人たちは仕方なく、涙香を信用して、彼の物語をほとんどそのまま引き写していた。ところが偶然の重なりによって、原書が『サンマール氏の二羽の鶫』であることが判明、また、世界に何冊も残っていないその原書がめでたく見つかって、百年後に謎が解け、全訳が出たわけである。

ここに、もう一つの問題が浮上する。

原作があり、翻案がある。不幸にして原作が失われた場合、巷間に流布した翻案が原作として通用してしまうことがありうる。涙香本はそれだけの権威を持っていた。また、翻案であることが判明しても、それがあまりに面白く、冗漫な史実遵守的な原作では、とうていそれを上書きできない場合、それはいったい何と呼ぶべき存在なのか。涙香ヴァージョン『鉄仮面』だろうか。

思えば、ホームズ物にたくさんのパスティーシュがあり、ディズニーが多くの名作を換骨奪胎してしまったように、もともとの作品から派生した二次的な作品を作ったり読んだり観たりすることに、人は熱中する。もしも二次的な作品のほうがその時代の読者に迎え入れられたら、それはもうある種の「正典」である、と言ってよいのではなかろうか。そもそも著作権の発生する以前、古い物語はそうやって成立してきたのだから。

これに関して、翻訳ではない例もあげておく。これも愛読していた「日本少年少女童話全集」（東京創元社、昭和三十五年）中の「ほたる色の童話集」に、国文学者井本農一氏がのせた「左右衛門と人形」という文楽芝居の一座の話がある。夜中に人形たちが動きだし、昼間の源平の戦いを再現してしまうのを、ぼんやり者の楽屋番の男が目撃し、だれにも信じてもらえないが、翌日、見巧者の客には人形たちの疲れが看破される、というような筋である。

この話の記憶が強烈だったので、出典となっている「西鶴諸国ばなし」に最近当たってみた。驚いたことに、原文はほとんど十分の一の長さしかなく、人形どうしのやりとりも、楽屋番の男とのそこはかとない心の通い合いも、翌日の舞台の話も一切ない。結末は狸に化かされたことになっている。フルヴァージョンのほうが短いうえに、共通しているのは、人形がごくごくと喉を鳴らして水を飲んだエピソードだけである。わたしが感動し、覚えていたのは、西鶴ではなく、井本農一作の物語であったのだ。

「正典」やオリジナル、フルヴァージョンと別のところに存在する「わたしの物語」について、今年はもう少し考えてみたいと思っている。

フェイクの時代・思いの地層

いつのまにか浅草寺の屋根が綺麗になり、カバーが取れ、仲見世から大きくのぞまれるようになった。

なんだか参詣しづらくて、いつでも少し前の伝法院通りでUターンしてしまうのだが、それは、どうやらその新しさが、歌舞伎の南禅寺の山門がせりあがってきて、五右衛門が上で煙管をふかしながら、「絶景かな、絶景かな」とうそぶいている、あのシーンにしか見えないからかも知れない。本物なのに「歌舞伎の大道具」に見えてしまう。

しかし、ではいったい、何が本物なのか。

「本物」をわたしたちは、古びて時代のついたぼろぼろの寺院やはげちょろけた神像にこそ感じてしまうわけだが、それは「本物」そのものなのか。芸術的なものに限っていえば、「本物」とは創建当時にクリエイターが意図して作り上げたもののはずで、たとえば、新薬師寺の復元されたキッチュでカラフルな十二神将、あるいはミケランジェロが描いた当時の、燦然たる青空に浮かぶ「最後の審判」がそれに当たる。

そこには幽玄とか侘び寂びとかいうものは微塵もなく、むしろ逆にフェイク感がにじんでいる。無時間的なものはフェイクに見える。ふしぎだ。わざわざ廃墟をこしらえる「廃墟趣味」が英国で十八世紀ごろにはやったのも、「時間」の堆積に対するこの感性が育っていったからであろう。古めかしいものは本物に「見える」。これはいったいなぜなのか。

浅草寺に話を戻すと、最近この門前町は街をあげて、確信犯的に「本物」ではなくなってきたような気がする。仲見世はもともとキッチュな江戸風味だったが、近頃、吾妻橋には、客引きの声もかまびすしく、文明開化の人力車が走りまわって（時代混在無視）いる。ここは劇場の舞台であり、テーマパークであり、すでにして、括弧付きの「お寺」「門前町」をなぞる存在。だから「歌舞伎の大道具」に見える補修も、その一環なのだろう。

　二〇〇九年暮れには、「伝法院通り」に、等身大の「白波五人男」の彩色塑像が出現した。派手な衣装の盗賊たちは、あるいは呉服屋の屋根に大あぐらをかき（これは当然、弁天小僧）、あるいは雨樋によじのぼらんとし、あるいは二階ベランダに腕組みをして佇立している。そこはいたって普通の商店街なのに、鳥取県境港市の（ゲゲゲの）「鬼太郎ロード」と似た妖しい雰囲気をかもしだしている。

　ここに、ひとつのパラドックスがある。

　わたしたちは、古いものからかもしだされる昔のイメージを、お芝居や舞台として再度、作り上げようとする。するとそれは真新しいがゆえに、フェイクに見える。しかしそれゆえに、それを見た人たちに、ああ、これのもとになった本来のオリジナルがあるのだ、と感じさせる。もっとも、その疑似オリジナルのほんとうのオリジナルは、このフェイクと似たような真新しいものだったのだが。

　では、わたしたちを突き動かす、幻の「オリジナル」「本物」への遡及の衝動とはいったい何なのだろうか。

　漫画家、成田美名子さんの最近のヒット作に『花よりも花の如く』（白泉社）[*1]がある。現代の二十代半ばの能楽師の青年を主人公に、能の世界の人間関係や約束事、演能中のハプニング、海外公演、自主公演、そして能楽とはいかなる演劇かを多面的に解き明かしてゆく作品だ。

素直で爽やかな好青年である主人公、憲人は、師匠である祖父の教えを受けながら、伝統的な表現を吸収してゆく。彼はそれについて、あまり深く考えることはなかった。しかし、突然TVドラマに現代の能楽師役で出ることになり、さらに自分に入門してくる日系二世という設定の主役に稽古をつけるという台本を通じて、自分のやっていることを、いちいち新鮮な目で見直しはじめる。主役を演じる俳優は、稽古のときにも、「なぜ、能ではこれしか説明しないのか」など、いろいろな問いを投げかけてくる。外部からの問いかけに対し、主人公の口からは「全速力で止まっている」みたいなせっぱつまった表現が出てきて、実際に自分でそれをやってみせる。体が血によって伝えてきたことを、もう一度言葉に吐きもどして、咀嚼しなおすという確認の作業だ。そして、思いの表現とは何かについて、主役の現代俳優の役作りの言葉を手がかりに考えてゆくことになる。

たまたま、この主人公、憲人の弟弟子に不思議な人物がいる。彼は生まれつき茶髪で、伝統芸能界ではいろいろ悩むことも多いが、歴史的な場所、政治的な緊張をはらんでいる場所などに行くと、「時代ごとにいろんな思いが地層のように積み重なり」、「ミルフィーユ」そっくりになっているのが見えてしまい、体が圧迫されて動けなくなってしまう。遠い過去の思いだけではない。能舞台のあちこちに「いろんな年齢の憲人さんの「思い」が、かたつむりが通ったあとのあの光ったやつみたいに、あちこちに残ってる」のが見えたりもする。「思いの層が見える」ことを人には言わないでくれ、と彼は主人公に頼むのだが、それだからこそ彼は肌や髪の色への偏見を乗り越えて、けっきょく能楽師になるみちを選んだのかもしれない。

能楽は数世紀に及ぶ古典芸能であり、その創始者たちは物語の種の多くを、さらに数世紀近く昔の平家物語にひろっている。創始者の段階で、すでにそれは数世紀の厚みをもつ「思いの層」であり、演じ続けられるなかで、一千年に近い層となってゆく。オリジナルの圧倒的なドラマ（事件）がひとつあり、それを再現し、それにせまることが能楽の感動なのではなく、何千何万回と人々がそれを思いの中で反芻し、また儀式のごとく演じつづけてきたという事実、見物衆や演者たちのその「思いの層」こそが、わたしたちをゆさぶるもの、「神寂び」「幽玄」「本物」の正体なのではあるまいか。

そんなふうに、思えてくる。

今年も九月に、米沢に集中講義に出かけた。残暑の町が妙に浮き立っていると思ったら、例年GWに演じられる「川中島の合戦」のお祭りが、震災の影響で（相馬市から馬が借りられなかったのだ、という哀しい話だ）、九月のその週末に延期されたからだった。

「川中島の合戦」は、そもそも最上川のこの河原で起きた戦闘ではないのだが、上杉藩ゆかりの地だからとここを舞台に設定し、謙信と信玄の戦いを、大がかりなパフォーマンスで再現してみせるお祭りだ。戦国時代ブーム、大河ドラマブームなどとあいまって、地方のあちこちでこうしたお祭りは盛んなようだ。

しかしそれも、本来の歴史上の戦いをゲームのように再現する、博物館的な楽しみのためではない。むしろ「夏草やつはものどもが夢のあと」を何度も何度も味わうために、行われている。自分たちのやっていることが時代考証だとはだれも思っていないし、壮大なフェイクだと知っている。そしてフェイクがなそうとしているのは、もともとの戦い自体をしのぶことではなく、それを幾度も思い返して歌い、また神事のごとくくりかえしてきた何百年ものひとびとの哀惜の思いの怒濤に触れることであり、その「思いの層」への共振をひたすら求めているような気がしてならない。

文明がひととおり熟し、多くの人々がそれを共通の情報とするようになった二十一世紀、テクノロジーともあいまって、たくさんのフェイクの軽やかな花が咲いている。

最近気づいたことのひとつだが、時代小説の分野で「書き下ろし時代小説」の文庫がいくつもできて、長大なシリーズも登場、たいへんな盛況を呈している。過去の歴史小説を踏まえたうえで、それへのオマージュとして、パロディとして生み出される、捕物帖だの公事方覚え書きだの料理帖だのといった、ありとあらゆる、豊穣な〈江戸〉発信の月産の物語たち。
いま、ちょっとこの分野の動きから目が離せずにいる。

＊1　『花よりも花の如く』は二〇一九年現在一八巻まで刊行されている。

ドン・キホーテ・デ・ラ・マンチャの末裔たち――戦え、「ご当地ヒーロー」

二年前だったか、よく島豆腐を買いにゆく銀座のわしたショップで奇妙なキーホルダーを見つけた。「琉神マブヤー」なる仮面ライダーばりのスタイルのＳＤフィギュア。緑色の顔は、微妙にシーサーの眉毛を思わせる。

なんだ、これは？　と思いながらも、その気合いの入った姿に、つい買い物籠に入れてしまう私。

自分の知らないヒーロー番組があるんだろうな、ぐらいにしか思っていなかった。

それが、昨年の夏、ネット書店で奇妙な本に出会うことになる。

『「超神ネイガー」を作った男』（海老名保、WAVE書店、二〇〇九）。表紙には奇妙な細長い白い棒を手にした、やはり全身甲冑のヒーローの姿が。帯には大きな文字で「見だが、おめだぢ！　これが強者に勝てるビジネスだ！」とあった。

そして私は遅まきながら初めて、「ご当地ヒーロー」なるものの存在を知ったのだった。

「ご当地ヒーロー」はゆるキャラとは違う。ゆるキャラとは、おもに「ひこにゃん」だの「せんと君」だの、地方自治体が頭をしぼって生み出す、毒にも薬にもならないマスコット、言ってみればやや記号的存在だ。

ところが、ご当地ヒーローはそうではない。

そもそも最初はお上が作ったものではなかった。

「超神ネイガー」の生みの親、海老名保は一九六九年秋田県生まれ、子どものころからヒーロー番組が大好きで、高校卒業後にプロレスラーめざして上京したものの怪我で挫折、スポーツジム勤務から、自分でジムを立ち上げ、昔から好きだったフィギュアの制作をこつこつ続けていたところ、イベント会社から、子どもの夏祭りイベントを頼まれ、ヒーローショーを思い立ったという。版権の予算から、それなら自分でヒーローを作ってやろうと、秋田県限定のヒーロー、ネイガーを生みだしたのである。

ネイガーとは「泣ぐ子はいねぇがぁ」とやってくる民話の鬼なまはげのセリフから取ったネーミング。農業青年アキタ・ケンがなまはげのパワーで変身、手にするはきりたんぽのキリタンソードに、鰰の卵を発射するブリコ・ガン、手甲には田んぼの田の字、必殺技は比内鶏クラッシュという、最初に聞いたときには笑いが止まらないプロフィールだった。

しかしその立ち姿は、海老名保の渾身のデザインによる、平成仮面ライダーに全くひけをとらぬりりしいもので、そのハイブリッドな在り方には大いに興味をそそられた。


第一のポイント。ギャグと正調ヒーローは両立するのか？

この答えは先ほどの本にしごくあっさりと述べられていた。著者は「ただ単に仮面ライダーのパロディを作っていたら、今のネイガーの人気ははたしてあっただろうか」と言い、偉大な特撮ヒーローの「金型」を、いまの時代や秋田県という土地柄に合わせて発展させ、さらに「陰と陽の組み合わせ理論」を提唱する。

まず重要なのがネーミング。悪役の名前ふくめてすべてに方言の匂いをまぶすことで、地元の子どもたちは体で反応してしまうはず、という――トールキンにも劣らぬ強い「準創造」の確信を著者は持っていたのである。

敵の戦闘員たちは「ホジーネ」（ほじなし＝間抜け）、組織名は「だじゃく組合」（だじゃく＝乱暴）、その班長は「ハン・カクサイ」（はんかくさい＝半端もの）、「明日の秋田をダメにする」が合言葉。しかしこれがただの冗談ではなく、きちんとヒーローものとして立ち上がってきた基盤には「かっこいいデザインのヒーローに秋田弁の親しみやすい名前」という陰陽の法則が作用している。

このネーミング・センスが決め手であり、「ネイガー」も普通にきいていれば、だれも秋田弁とは思わないし、それでいて、弟分のジオンやライバルのアラゲ丸、女怪人のエラシグネ、ブラックバス怪人バスコギなど、ちゃんと独特の秋田語の圏域に入っていて、その濁音が県外者にも独特の世界観を醸し出す。

「悪役と笑い」も、陰陽の組み合わせである。ネイガー自身はYouTubeで見るかぎり、アクションレベルも半端ではなく、立派な正調ヒーローだが、大笑いしながらも、ふと思いだしたのは、元祖『仮面ライダー』の敵の怪人、サラセニアンや蜘蛛男もかなりユニークで笑える存在だったということだ。この特徴は八〇年代の『人造人間キカイダー』あたりになると、さらに強調されて、怪人群は、特に恐ろしくはない、ユニークな動植物をデザインしただけのカイメングリーンやバイオレットサザエなど、お茶目で味わい深いキャラクターに進化していた。

特撮ヒーローの世界はもともと、シリアスな戦いだけではなく、ほっと息をつけるたわいないユーモアをも内包していたのである。この風通しの良さが、子どもの心には必要なバランスであったようだ。

そんなこんなで、ネイガーの動画を見ているうちに、ヒーロー番組についての私の認識はかなり変わってゆく。

悪は怖いダークな存在であればあるほど、どこか親しみやすく阿呆な面を見せなければならない。『ハリー・ポッター』シリーズの「ほとんど首なしニック」「嘆きのマートル」などのゴーストたちがそうであるように。

そして第二のポイント。ご当地ヒーローと「ゆるキャラ」の関係は?

私は最初、「ヒーロー物」の熱気をはらんだ妥協のなさと、八方美人な「ゆるキャラ」は水と油だろうと思っていた。ところが、著者は現代性を取り入れるために、「ゆるキャラの世界観」という付加価値を足したというのだ。ゆるキャラめいた「アンパンマン」がなぜヒーローか。それは幼児にとって重要な「食べ物」であるから。だからヒーローの武器はきりたんぽや鰰。著者によれば「正統派七十年代ヒーロー×ゆるキャラ+ご当地」の公式でもって、立ちあげたのがネイガーだ、というわけだった。

これは、と思ったので、ネイガーを皮切りに、いまや百人はくだらないご当地ヒーローの面々について調べてみた。その一部（二〇一三年当時）をあげてみる。カッコ内はワザの名前である。

青森の跳神ラッセイバー（イタコくち寄せ変幻拳、八甲田山キック）、岩手の岩鉄拳チャグマオー（南部鉄拳、銀河鉄拳）、沖縄の琉神マブヤー（ティーダ・ヤーチューなどのお灸）、山形の出羽戦士ガ・サーン（速新だだちゃ拳）。ここまでは、海老名保がデザインしたもの。新潟の超耕21ガッター（「愛をコメたヒーローは、トキを越えてやってくる！」の謡い文句）、宮城の破牙ライザー龍（アラハバキの神の力で変身）、鹿児島の薩摩剣士隼人（示現流で吉野狐を倒す）など。

地方自治体も助成に加わり、県内のみのTVドラマ放映も今や珍しくはない。本物と見まごうヒーロー番組とショーが立ち上がっている。

たとえば奈良のYAMATO超人ナライガー（そうめんフラッシュ、鹿せんクラッシュ）は「春日の山奥の鹿の力」うんぬんの長い名乗りぜりふのあと、「天知る、地知る、神ぞ知る、YAMATO超人ナライガー見参！」と見得を切る。最近では震災復興を支援する東北合神ミライガーが登場し、アニメソングの大御所水木一郎がテーマソングを歌うなど、地域活性化に向け、子どもを越えた盛り上がりをも見せているらしい。

逆に、千葉県木更津市の「鳳神ヤツルギ」や、「徳川家康を守るために作られたからくり人形が現代によみがえり静岡市駿河区駅南銀座商店街を守る『からくり侍セッシャー1』」など本当に小さな地域限定ヒーローもいる。まさにその心意気は、ドン・キホーテ・デ・ラ・マンチャのようだ。

第三のポイント、なぜ人は「擬人化」するのか？

今述べた状況から感じ取れるのは、ネット社会による文化の同質化のためか、かつてのような大都市志向や地方都市の引け目が消え、逆にローカルならではの豊かさに目を向けようとしている気運だ。郷土料理や伝統文化を、笑いでくるんでヒーローのアイテムにすることで、それらは堂々と他にはないオリジナリティを発揮しはじめる。

例えば「鳳神ヤツルギ」の凝ったドラマ映像は、木更津市の若者たちが、自分たちの場所から発信するという自信に裏打ちされたもののように見える。守るものはもはや世界平和ではなく、自分たちの土地と、等身大の生活だ。

ヒーロー番組の本質とこの地方分散化には、何か重要な関係があるような気がする。そして、さらにその先にある、私の関心は――人はなぜ、ゆるキャラ、マスコットなどを含めて「擬人化」したがるのか、という問いになる。現在、子どもの文化圏内には『ヘタリア』に始まる「擬人化」ジャンルがある。国を擬人化するだけではなく、いま「擬人化」されているのは、県を扱う『ジャポニズム47』、鉄道を扱う『ミラクルトレイン』『青春鉄道』……この他にお菓子、温泉、調味料、祝日、ファーストフード、寿司ネタなど何でもありらしい。ご当地ヒーローはまさにその土地の「擬人化」（物神化）だが、『人形と誘惑』（井上章一、三省堂、一九九八）が指摘した日本人のマスコット好きを含めて、ここが大いに気になるポイントである。つくも神というテーマでそのうちまとめてみたい。

「ほんとう」と「ほんとうモドキ」――その逆転パラドックス

七月、上野の国立科学博物館の「深海」展に出かけた。うわさの「大王イカ」全長六メートル、というのを見たい。

テーマパークのアトラクションなみに「待ち時間」が外の掲示板に（ＰＣやスマホにも）出ている。さいわい、「混み合っています」表示だけで、なんとか入れた。

細いエスカレーターで地下に下りてゆくと。

なんだかな、の違和感が最初から目に飛びこんできた。

潜水艇「しんかい６５００」の原寸大模型が、でんと置いてある。三畳間より狭いくらいの内部、いかにもそれらしい灰色の計器類、プラスティックのようにぴかぴかの外部塗装、「しんかい」のひらがな文字。そしてそばには、さらにかわいらしい魚雷のかっこうをした、だいだい色の「ゆめいるか」があった。

この新しさには、なぜかものすごく既視感があり、へんになつかしいような、だまされたような感じに包まれた。

ああ、そうだ。

二〇一二年に、木場の東京都現代美術館でやっていた『館長庵野秀明・特撮博物館』の雰囲気に、どこか似ているのだ。

円谷プロの特撮番組の「地球防衛隊」御用達のウルトラホークや、マイティジャックのような「最先端テクノロジー」の乗り物が展示されていた。もちろんそれらはミニチュアだったが、まことしやかな図解や設計図もついており、あのときのきれいな玩具っぽさに近い。

このぺかぺかの「しんかい」は、ほんとうに本物の潜水艇で、深海にもぐれるのか？　これは新手の「ウルトラ・シリーズ」のために作られたスペースシップではないのか。

ひじょうに疑わしくなった。もしかしたら、この会場全体が、手のこんだテーマパーク的フェイクではないのだろうか？

もちろん子供にとっては、どっちも同じだ。「かがくぎじゅつ」だって、フィクションと同じ響きである。

「へー」といううれしそうな歓声は、遊園地でスーパーヒーロー・ショウを見るときのそれと寸分変わらない。

これは「ほんとう」なんだよ。

と、いったいだれがどうやって証明できるのだろう。

広大な時空間のどこかに、「ほんとう」にこんな世界があるのだ、という、背骨に響くおののき。本で読む単なる知識ではなく、その実感に出会うために、ひとはこうした科学イベントに出かけてゆく。

夏休みの定番、恐竜展に関しては、とりあえず「ほんとう」の骨があることになっている。「ほんとう」の骨を発掘したのだ、ということは観覧者にも何とか信じられる。発掘現場のアリゾナ砂漠や中国奥地は、行こうと思えば行ける「ほんとう」の場所だ。

でも「深海」だ。いったい幾人が行ったことがあり、行けるというのか。しかもここは水族館ではない。生きて動いている証拠がいない。展示パネルや、記録映像や、ガラス瓶の標本だけだ。

これら全てが巧妙な映画セットでないと、わたしに説得してくれるもの、ガツンとくる「ほんとう」感が、どうしてか、ここにはない。

今やテクノロジーは、何でも作れる。ガラス瓶内の標本だって、どんなクリーチャーでも作れるハリウッドのことを思えば、あるいはわが海洋堂の技術をもってすれば、精巧なツクリモノの可能性がある。

唯一の頼みは大王イカの標本だ。

とちゅうは適当に見流して、そこに行ってみた。細長いガラス函の中に、うねうねとわだかまる白い肉のかたまりが、それだった。

色も抜けてしまったそれ。

それは期待した金色の海妖クラーケンではなく、アミノ酸の量塊でしかなかった。これ、なのか。

さきほど大画面に映って触手をなびかせていた勇姿は証拠にならない。画像がCGでないという保証がない。

ものすごく不安定な、不完全燃焼な気持ちで、わたしは会場を出た。

あたかも、それをダメ押しするかのごとく、ミュージアム・ショップには、すでに虚像となった、鰐めいた皮膚のティラノザウルス模型が並んでいた。「ティラノは羽毛恐竜だった」が定説になりはじめた現在、映画『ジュラシック・パーク』でわたしたちの心に焼きついてしまった、巨大な尾を水平に浮かせ、不気味なほど小さな前足をにぎって走る、あのいがぐり頭の暴力団員のようなティラノはもう「ほんとう」ではなくなったのだ。

「羽毛の生えたティラノはありませんか」

レジできいてみた。女性店員は、えっと、と言って、店の隅に行きかけ、「ディノニクス?」とききなおした。

「いいえ、ティラノです」

ああ、あれはまだありませんねえ。

ディノニクスは、一九六〇年代にすでに羽毛があるとされていた小型肉食恐竜だ。出口には、「たくさんなでてね」という札をさげられた、小さなティラノザウルスが立っていた。これまで看板恐竜だったのに。

来年には、きっとあの幕張メッセで売られていた、ネイティブ・アメリカンの酋長のかぶりもののような羽毛を生やしたティラノが「ほんとう」として「科学博物館」に立つのだろう。あんなに愛されたティラノはついに、ゴジラやレッドキングと同列になってしまったのか。そう思うと、虚妄のティラノの、人類の「精神遺産の殿堂」入りを喜ぶ自分も、なぜかそこにいた。

「ほんとう」とフェイクの差はとうに見えにくくなっている。「ほんとう」を声高に標榜することもなく、「ほんとうモドキ」を作ってしまうヴァーチャル・テクノロジーの進化はすさまじい。成功すればするほど、逆説的に、それは断絶感を、つまり驚愕がその指標であるような違和のリアリティを生まなくなる。

P・ジャクソン監督の映画『ロード・オブ・ザ・リング』で、話題になったゴラムというクリーチャーがいる。完璧なCGによって作られたあれは、知らなければ、世界のどこかには、ああいう人種がいるのかと思うだろう。妖精だって怪物だって、目になじんで自然に動けば動くほど、それらは「拡張現実」の一部となり、異形でも異世界でもなくなってしまう。

その素知らぬ顔の「ほんとうモドキ」に、どこかできっぱり背を向けていたのが、ミニチュアによる特撮だった。二〇世紀後半の稚拙な特撮の魔力は、そこにあったと思う。

先述の『館長庵野秀明・特撮博物館』は、ウルトラ・シリーズを中心にさまざまな乗り物、ヒーローのマスク、等身大ガメラの着ぐるみ、ゴジラの巨大な足の部分だけなど、特撮の裏側を公開してくれた展示である。マニアらしい男性も数多く詰めかけ、いま見ると、レトロで玩具らしい、そしてある点では「うそらしさ」に居直ったとも見える盛りだくさんのガジェットを、そして踏みつぶされるための誇張遠近法のジオラマをカメラに収めていた。

しかも会場には、庵野秀明がどうしてもCGではなく、本物で撮りたいとこだわった等身大（人間大）巨神兵が立っている。これをロッドでもって生身の人間が後ろから操って撮った最新映像が、展示のもう一つの目玉だった。

ギーガーの「エーリアン」を連想させる、その巨神兵の造型の「出来」は、もちろん、往年の怪獣やヒーローの着ぐるみに比べれば、なまなましく「ほんとう」らしい。それでいながら、それはなめらかなCGアニメではない、重たい物質の動きをした。ふつうの生き物ではないもののの、ぎごちない動きの違和感。

限界を内蔵したその存在は、逆に、それが達成しえなかった、制約のかなたの、ほんとうの「ほんとうらしさ」を指さしていたような気がする。この世の生物とは地続きではない、平凡な想像力の延長線上の「ほんとうモドキ」ではない、ある異次元的な断絶した存在を。

「あらわしえない」という事実に降参することによって、それがこの世のものではないことをあらわす。そういう逆転的なパラドックス。

しわの寄るスーツで格闘するウルトラマンや、ゴムと樹脂の鈍重さをたえず感じさせた怪獣たちは、それゆえに愛されたのではなかったか。

そんな超越的異次元性への指向を、かつての特撮チームは持っていたのだと思う。撮れないからこそ、うそらしさを全開に撮る。庵野秀明も、そのパラドックスをどこかで感じていたのだろう。不完全にしか「あらわしえない」ことのみが達成できる、「ほんとうらしさ」の凄みを。

二〇一三年夏の「深海」の展示は、「ほんとう」が何か、について何も疑っていなかった。ほんとうなのだから、そのままを出せばよいという学術的なてらいのなさだ。しかし、そこにしみこんだ夏休みのアトラクション色、イベント色に、それは微妙に揺らされていた。それは「ほんとう」のはずなのに、なぜかフィクションに見え、それでいて、往年の特撮チームの壮大な野心に欠けていた。だから全体から漂ってくるのは、不徹底な「ほんとうモドキ」感だったのだ。

深海という世界の、「ほんとうらしさ」を心身に訴えるなら、もっと「庵野秀明」が必要であり、もっとひとびとを震撼させる「仕掛け」こそが必要だったのではないか。それが、アートと呼ばれる虚構の力なのではないか。

ティラノ像だけではなく、すべてがいまや「暫定」現実であるとするならば、むしろ「虚構」こそが輝かしくも不動の、「ほんとう」の領域となるはずなのだから。

メタ化される物語

新橋演舞場の十月歌舞伎公演、市川猿之助主演の『獨道中五十三駅』があまりに愉しくて二度も見にいってしまった。

京都の三条大橋を振り出しに、お江戸日本橋を目指しての道中が大筋だが、由留木家のお家再興のための「重宝」を、悪家老親子から奪い、奪われつつ、また拉致される姫君を追いつ追われつしながら、場面は東海道を下ってゆく。

これに弥次さん喜多さんのふたりが狂言まわしとして絡みつつ（間テクスト性どころではなく話は進み、せりふも既存の歌舞伎狂言パロディのアラカルト、てんこもりの旅である。加えて猿翁（先代猿之助）が創始したスーパー歌舞伎ゆずりの派手なけれんや宙乗り、本水の滝やホラーのスペクタクルで味付けられ、当代猿之助による十八役早替わりが見所だ。

あちこちに駄洒落や入れ事の笑いもあり、サービス精神に徹した歌舞伎集大成、何というか巨大なバロック的芸術である。

そしてこれは、まことに「ネオ・ファンタジー」的でもあり、またゲーム的でもあると感じたのだが、そのことについて少し触れてみたいと思う。

歌舞伎（に限らず普通の演劇というもの）は深刻で重たい面を持っている。忠義のためにわが子、人の子を殺したり、思い違いの連続によって切腹する羽目に陥ったり、花魁がやむなく愛想尽かしをして逆恨みで殺されたり、あの世で結ばれようと心中の道行きに出たり、島流しにあった人物が赦免された仲間と別れ、ひとり島に取り残されて船を見送ったり、大変にしんどいものである。

しかし、これはストーリー自体がしんどいからではない。それをなまなましいドラマ、いわば一次現実として観客に突き付けようとするからである。もちろん「お芝居」であるゆえの、ちょっとした道化役やくすぐりの場面は挿入されており、これは「現実ではない」のだという安全弁は入っているのだが、それにしても大時代の悲劇だ。『伽羅先代萩』など、お局が子どもを母親の目の前でなぶり殺しにし、そのあとで忠節ゆえの母親の慟哭がえんえんと続く。

本来的な「自然主義的リアリズム」から見るならば、これほど悲惨なものはない。そして、現代の大御所の名優たちはそれらに「リアル」の情感をぬりこめて演じていないわけではない。

しかしながら、江戸時代の観客は騒々しく席で弁当を使いながら、芝居に接していた。もちろん内容を享受してはいたろうが、それは芸術への高尚な感動といったものではなかったと思われる。役者の「役らしさ」「化粧や衣装の美しさ」「台詞の耳触りのよさ」などが楽しみの前景の主体であり、ストーリーは「現実」ではなく、二次的な「お話」であったのではなかろうか。虚実のはざまにあり、実のリアルさと、虚の浮揚感（メタ感）が、ぴったりとつりあう地点の悦楽。

猿翁が江戸時代から引っ張ってきた、けれんや宙乗り、早替わりとは、その虚の部分のインデックスのようなものだ（歌舞伎はそもそも女形を内包していることによって、すでに虚とデフォルメに立脚している）。

役者の生身の奮闘、仕掛けの面白さ、唐突な挨拶（「まず今日はこれぎり」）による幕切れ、怨霊の押し戻し、奇妙な荒事などの、いわば「お話の外」にあるものは、お話が「現実」ではなく、「芝居」であることを強調し、それゆえにどれだけ危険な内容でも安全に楽しみうることを保証してくれる。猿翁が大枠を作り、十八世勘三郎が平成中村座やコクーン歌舞伎で実験してきたこととは、「お話」から現実の重量をくり抜いてしまい、型のみを華麗に残し、「これは虚である」種明かしを堂々と舞台上で見せること、いわば「メタ化」してみせることだったと言えよう。

それは、「自然主義的リアリズム」から「まんが・アニメ的リアリズム」（大塚英志）への進化を、（歌舞伎の本質を検討し直す中で）なぞり直していることでもあったように思われる。

話がいささか拡散した。『獨道中』に話をもどせば、この芝居がなぜ、私をあれほど愉しませたのか。理由を四つほどあげてみたい。

まず「道中双六」という定型物語の重心の良さに加えて、五十三駅も、単なる通過点ではなく、伝統的な歌枕的インデックスの場所（トポス）として確立されている。いわば二重の様式感に守られており、この伝統の「枠」に心をあずけるのはまことに快い。観客は約束事以外の不審なこと、未知の場所（テラ・インコグニタ）などには遭遇しない。

第二に、けれんや仕掛けのスペクタクルの美観である。映画で言えばＳＦＸだが、海中で着ぐるみの海老やヒトデとの立ち回りを見せ、巨大な鮫やシロナガスクジラが大道具として登場する場面は、差し金を操る黒衣《くろご》たちの存在とともに、壮大なごっこ遊びの愉しさそのものであり、一次現実を遠ざける「枠」として機能している。

第三には、生身の役者ならではのアクロバティックな演技を見る愉しみである。本水の滝の中での悪漢との対決シーンには、役者たちの身体の修練とあいまって、華麗な演舞の力感がある。リアルにずぶぬれになりながらも、必死な斬り合いではなく、舞踊化された技でしのぎを削る、まさに虚実拮抗する快感だ。また、華麗な緋袴をはいて宙乗りをする化け猫にも、観客は拍手を送る。それがどんなに肉体を酷使することか、知っているからである。これらの場面の登場人物からは、それを演じる俳優の肉体の修練（登場人物は持っていないはずの）がにじみ、あふれ出しており、一次現実は惜しみなく崩壊しているのである。

第四は、早替わりである。歌舞伎における早替わりとは、老若男女、化け物などにひとりの俳優が自在に、間髪を入れずに変身するものだ。猿翁はこの技法を追求し、切り穴のすっぽんや吹き替えを使うほか、花道上で二人の役者がすれ違いざまに入れ替わる超絶的早替わりまで案出した。

今回の芝居では、猿之助が可愛らしい町娘から、色男、年増、ちんぴら、破戒僧、盗賊、雷神などに次々と姿を変え、一分から三分以内のその変身ぶりに客席は大いに湧いた。傘に身を隠した人物がゆっくり振り返り、ありえない顔をあらわしてゆくときの驚き。それはすでに物の怪や鬼神の跳梁する領域であり、もはや本来のストーリーを上書きしてしまう「出現」の奇蹟を生み出す。

歌舞伎独自のこの「早替わり」は、服部幸雄によれば、江戸時代に座員、特に子役の人数不足のため、ひとつの狂言内で、役者がいくつもの役を兼ねることから始まったという。それが続くうちに、役ごとにがらりと違ったキャラクターを見せる役者の巧さを褒め称える観点が導入された。同時代のシェイクスピア劇などにはありえないことである（かりに誰かが一役を兼ねたとしても、同一の俳優が演じているというからくりを、上演中にやんやと讃えたりはしないだろう。それは隠しておくべき後景の事情である）。

さて、この早替わりを満喫しながら、私が漠然と考えたのは、演劇でありながらも、何が演じられているかと、誰が演じているかが同等の重みを持ってしまうようなキャラクターの在り方は、ひどくライトノベル的あるいはゲーム的である、ということだった。

だれかが死んでも、ほんとうは死んでいない。当たり前だが、それを舞台上で明示してしまうという加筆の入っているメタ物語。その最たるものが早替わり。

しかし、それだからといって、本来の役柄の人物の輪郭が完全に揮発してしまうということでもない。それぞれの役を象徴する衣装やアイテム（伝統キャラクターの固有データベース）ともあいまって、情感は役者の腕の見せどころでもあり、猿之助演じる薄幸の遊女の死はくっきりとした印象を残す。それは、役を演じるというより、霊が次々と受肉して、多彩な生涯を輪廻転生してゆくような（「生き変はり死に変はり」の）感慨をすらもたらす。

猿之助の早替わりを見ながら、私は東浩紀の『ゲーム的リアリズムの誕生』のあれこれの指摘を思い出していた。その一つは、むしろキャラクターこそがドラマの行方を決定してゆくこと、すなわち「キャラクターの自律化と共有財化」である。彼はそれを「オタクたちの文化一般を特徴づけるキャラクターの脱物語的あるいはメタ物語的振る舞い」と呼ぶ。さらにもう一つは、その流れを「物語ではなく作品の構成要素そのものが消費の対象となっているという意味で『データベース消費』と名づけた」ことである。東はそれらを総括し、ライトノベルを「キャラクターのデータベースを環境として書かれる小説として定義してみよう」と言うのである。

早替わりの快楽は、これらの指摘の「メタ物語性」、各キャラクターの「データベース性」に接しているだけではない。東が新たに定義した「ゲーム的リアリズム」とは、「死んだり傷ついたりする身体」に向かう「まんが・アニメ的リアリズム」を越えて、「キャラクターのメタ物語性が開く、もうひとつのリアリズムの可能性」である。「ゲーム的リアリズムは、ポストモダンの拡散した物語消費と、その拡散が生みだした構造のメタ物語性に支えられている。その表現は、まんが・アニメ的リアリズムの構成要素（キャラクター）が生みだすものでありながら、物語を複数化し、死をリセット可能なものにしてしまうため、まんが・アニメ的リアリズムの中心的な課題、すなわち『キャラクターに血を流させることの意味』を解体してしまう」のである。

『伊達の十役』や『お染の七役』といった早替わり主体の歌舞伎狂言は、近年主演俳優本人の人気とからめて、いよいよ数多く上演されているように思われるが、これらはまさしく複数の生を生き、「裁き裁かれ、殺し殺され、生き変はり死に変はり」（『伊達十役』の口上台詞）する「ゲーム的リアリズム」のあり方であり、東の言うライトノベルやゲームのもたらす新たなリアリズム、新たなアイデンティティに、一周遅れで合致した現象のように思われる。一周遅れというのは、歌舞伎に備わるこの属性が、座員不足や「変化舞踊」への発展という伝統内部の必然的進化からもたらされたものであるからだが、けっきょくは時代を先読みした猿翁の慧眼により、3S（スピード、スペクタクル、ストーリー）のみならず、キャラクターのアイデンティティの複数性にまで踏みこんだ結果と考えられるからである。

この問題については、これからも愉しみつつ考えてみたいのだが、「寺子屋」「俊寛」で名優の術に揺るがされつつもしんどい思いをしつづけた私が、久々に「芝居」ならではの浮揚感というか（児童文学の）「幸福の約束」に再会したこと、「ゲーム的リアリズム」の魅惑を瞥見したことをまずは書きとどめておきたかった。

〈参考文献〉
東浩紀『ゲーム的リアリズムの誕生』講談社現代新書、二〇〇七
国立歴史民俗博物館編『変身する』平凡社、イメージリーディング叢書、一九九二
服部幸雄『変化論』平凡社選書、一九七五

米沢ポケモン旅行――あるいは「拡張現実」の地図へ

メルヘンふうの駅舎の前からは、黄色のヨネザアド号というバスが出ている。米沢出身のマンガ家ますむらひろしの描く、食いしんぼうで意地汚い大猫ヒデヨシと、その相棒のスマートな青年テンプラくんが描かれた小ぶりのバス。市街地循環バスで、一日に何本出るか、というものなので、出会えるとラッキーと言われる。

米沢にはすでに二十年通っている。県立米沢女子短大の集中講義で、毎年九月に四日ほど、定点観測に来ているといった感じだ。

こんなに長く続けるつもりは、実はなかった。

ところが、前世の約束のごとく、あるときからやめられなくなってしまったのである。

通いはじめて数年たったころに、桑原水菜の大ヒット作『炎の蜃気楼』の本編が四〇巻で完結した(一九九〇-二〇〇四)。たまたまそれを読んで、天地がひっくりかえるほどの衝撃を受けた。学生時代の『指輪物語』に勝るとも劣らぬ激震である。このシリーズ、おおざっぱに言えば、四〇〇年以上(弥勒降誕の超未来にまで延びる)にわたる主人公たちの愛憎半ばする輪廻転生ドラマだが、歴史考証と現地取材の土くさいまでの臨場感にあふれ、すみずみの端役までキャラクターの立った群像劇で、全体にマグマ的生命感が燃えさかり、何よりも、現実をまるごと呑み込む無茶にして壮大な世界観に「食われて」しまったのだった。

時空すべてが実際に生きていた歴史的人物（の転生と裏歴史）に満たされている。

二年ほど、他のフィクションはほとんど読めなくなった。それほど凄まじい強度（作者の神的狂気）を持つ作品だった。そしてそのドラマの起点の舞台が、奇しくも米沢だったのだ。

歴史を愛して史跡を訪ね、過去の人物に思いを馳せるいわゆる「歴女」という種族がいて、九〇年代には「〇〇ツアー」という呼称も一般的になってきていた。歴史の名跡だけでなく、そのうえにフィクションをトッピングした創作作品の舞台を「聖地巡礼」するのである。『らき☆すた』のように、マンガ、アニメ作品が「聖地巡礼」という名称の主流になるよりも前、小説『炎の蜃気楼』についても「ミラ・ツア」なる現象が広がっており、日本全国にわたる舞台をたどり歩くファンが発行する旅の同人誌は、物語と現実を強烈にパイ捏ね変換しつつ、問答無用の拡張現実感で私を圧倒したのだった。

中でも米沢は、四〇〇年前の主人公たちの物語発祥の地だ。リアルタイムで作品を読んでいた若い女性ファンはGWの「川中島の合戦」イベントに押し寄せ、作者自身も米沢で朗読会を開き、地元とタイアップしたワインも売られ、読者はゆかりの廟や米沢城趾をめぐり歩き……そして、十年遅れで私もそれらの真似をやりだした。

中でもメインスポットである林泉寺にお店を出している笹野一刀彫りの職人さんは、シリーズ進行中から、主人公たちを動物化した一刀彫りを開発し、あちこちに紹介されて人気を博していた。お鷹ぽっぽならぬ、カラスぽっぽや、虎（主人公は上杉景虎）や薔薇を持った犬、赤い鯨の、何とも可愛らしくて、かつ作品のツボを外さない作品の数々。どきどきしながら授業後、タクシーで林泉寺に駆けつけ、そのマイスターに新作ふくめて過去作品までの注文製作をお願いした。以後、新作を求めて、毎年林泉寺詣でが続くことになる。

米沢に行くことは、「主人公たちの生きた場所を歩く」「彼らの吸った空気を味わう」「生身の彼らに出会う」、お遍路的浄化体験になってしまったのである。なにしろ彼らは「ほんとうにいる」としか思えない熱量を持った存在だった。現実の舞台にもうひとつの世界を重ね焼きする醍醐味を、米沢という時間の止まったような街が教えてくれたのだ。

数年後、ＮＨＫ大河ドラマの「天地人」も始まり、米沢にはさらなるブームが押し寄せる。この「直江兼続」ブームのおかげで、（小説中のもうひとりの主人公）直江グッズが大量生産されたのも喜ばしいことだった。米沢は、やはり私の運命の地であったのか！

（そして『炎の蜃気楼』は本編以外に、邂逅編、幕末編とえんえんと書き続けられ、二〇一四年から本編の前の「昭和編」シリーズが書かれはじめ、いまも進行形で、毎年、東京の小劇場の舞台にのせられた。[*1] かつての若書きの凄まじさこそないが、すべての「表歴史」を置換しようという勢いは止まらない。）

そんな「拡張現実」体験を教えてくれた米沢の地で、今年は「ポケモンGO！」を試演してみた。山形大学工学部が国際会議を催したため、市街中央のホテルがすべて取れず、駅前のビジネスホテルに投宿することになったのを機会に、いつも歩かない場所をてくてくと歩きまわり、この土地に棲息するモンスターを探してみた。

ゲーム体験は絶無に近いのだが、この「ポケモンGO！」は、閉じた別世界に逃避没入するのではなく、外の現実にもう一つの層を重ねてゆく、という趣向に魅せられ、アプリの配信以後、やめられなくなっていた。現実を意識で塗りかえるということに対してのオブセッションは昔からある。ファンタジー文学とは、マンネリ化した現実のヒットポイントを「回復」あるいは「再生」「更新」、または禅の座禅の境地のような「超（ゼロ）現実」に戻すこと、だと私は理解している。

手始めに東京の自宅付近でやってみると、渡りなれた隅田川は黄色い太ったアヒル（コダック）やヒクヒクのたうつ金魚（コイキング）の住処であることが判明し、彼らは駒形橋付近に夕刻大量に打ち上げられる。またマンションの路上では、太陽の南中ごろに「カモネギ」という冗談のようなモンスターが出現して、不運にも私に捕獲された。思いもかけない異形の存在が、突然蠕動音を発し、卵から孵るときのワクワクも、探検家のワンダーそのものかもしれない。

かくて、私の見ていた場所は一変した。

トールキンは、自分の臆病な体は、ドラゴンが近隣にいて比較的平和な日常を脅かすのを望まないけれど、心のほうは体よりずっと強いから、どんな危険があってもドラゴンのいる世界はいない世界よりずっと豊かで美しいと思う、と書いている。同じように、モンスターという存在は、確かに怪しく危険である（うえに二次元のアイコンである）が、それでも彼らに彩られた世界は、そうでない素の現実よりも、ずっと生命感にあふれているようだ。

だから、彼らの添加された、さらにもうひとつの世界を見てみたい。

それで、脳内では、雄渾でメランコリックな『蜃気楼』の城下町ひと色に染まっていた米沢を、この夏もう一度、歩き直してみることにした。

米沢の上杉神社の近くでは、目星をつけていた水棲モンスターには出会えず、黄色の「スリープ」という、夢ポケモンが数匹出現。モンスター分布のしくみは不明だが、この檸檬色のブタめいたモンスターは、三日を通してホテルそばの駅舎の近くにもうじゃうじゃあらわれ、なぜ、ここに多数棲息しているのか、考えこまされた。

そこで冒頭のバスの話に戻るが、おそらくこのバスが発着することと関係があるのではないか。地味な市街地循環バスが、二〇〇一年にこの「ますむらひろし」デザインにお色直しされたらしい。それで「スリープ」。付きすぎているかもしれないが、観光の街らしい生息状況だ。

結論をいえば、「スリープ」以外、珍しいモンスターには遭遇しなかった。どこにでもいるレベルのハト（ポッポ）やネズミ（コラッタ）が、ポイントが高い個体だと、愚弄するような目付きで画面からのしかかってくる。

なつかしい。雑魚のくせにしつこい。とはいえ彼らを捕獲すると、ポイントが上がってゆく。そして今回のブームで確認したのは、文学作品や映画やプロジェクション・マッピングなどで言われていた「拡張現実」という概念は、「ポケモンGO！」の出現にいたって、はっきりと工学上の概念として定着したらしいという事実だった。

現実世界に「モンスター」を添加したものが、拡張現実（augmented reality）。それ以外の「現実もどき」は疑似現実（virtual reality）であって、全体的な効果というか、一元的な新しい現実を指す。

ややこしい話になるのだが、近年私は妖怪特につくも神に関心をもって、かれらがライトノベルの主流となりつつある現象から、環境化する生命感というものをとらえようと思っている。『ハリー・ポッター』の児童文学ならではの凄さは、すべての無生物や家具（帽子や新聞、クィディッチの球、階段、書物、菓子、手紙）などが生き物のごとく動き、感情表現をすることであるが、これまでは、こうしたことをもって「拡張現実」と考えていた。が、正確にはこれは「疑似現実」だったのかと思う。

例えばTDLはどちらなのか？　おそらくあの地所は閉じられたワンダーランド、無礼講の「疑似現実」であって、一歩外へ出れば、ミッキーの耳をつけて歩くのは場違いだ、と、日本人的には言えよう。しかしTDL的な異界スポットが多くなってきたことは、現実がかなり揺らされてきた（幻想が環境化している）証と言えるものの、こんどの「ポケモンGO！」ほど、はっきりと「素の現実」とは何かが問われたことはなかったのではないだろうか。

錦糸町の○○公園に大人が大挙して押し寄せたとか、画面に気を取られてプラットフォームから落っこちたとかの話がおもしろおかしくニュースを賑わせたのは元より、どこにいけばどんなポケモンが獲れるかの情報を、読者が自由に書き込むページもPC上に生まれている。

ポケモンをゲットするだけでなく、バトルをするにはジムが存在するとされる現実の浅草駅やアサヒビールのホール前のような「特定の場所」に足を運ばねばならない。実際の場所や距離と重ね焼きされたもうひとつの地図。

これはもう「疑似現実」ではなく、二層をなす「拡張現実」だ。

こうした二層現実をこれまでも生きてきた人というのがいたとしたら、それはシャーマンや霊能者だったのかもしれない。古戦場に行って落ち武者の霊が見える、という人たちである。それは「存在するかしないか」という哲学的問いにもかかわってくる。現在の機器で観測できるものだけが存在する、という狭義の自然科学のスタンスとは別に、これまでも、いろいろなものが、実はほんとうに存在していたのではないだろうか。はからずも工学テクノロジーが、「素の現実」の上に、さまざまなモンスターを埋め込んでそれを例証してしまったのだ。

異能の詩人、宮澤賢治の目には「二千年もたつたころは　それ相当のちがつた地質学が流用され　相当した証拠もまた次々過去から現出し」

みんなは二千年ぐらゐ前には
青ぞらいつぱいの無色な孔雀が居たとおもひ
新進の大学士たちは気圏のいちばんの上層
きらびやかな氷窒素のあたりから
すてきな化石を発掘したり（『春と修羅一』「序」原文漢字は旧字）。

するのが、すでに見えていた。

そんなことを思いながら、日々の僥倖（北米にしかいないと言われるモンスターが卵から孵ったり）を求めて、「拡張現実」をさまよう日々が続く。

＊1　二〇一七年の『散華行ブルース』をもって全編完結し、舞台は二〇一八年度も上演され、すべての舞台はDVD（トライフルエンターテイメント発売）に収められた。

三つの現実——最終ファンタジーへ？

二〇一七年の五月、「複合現実」（mixed reality）という新たなキーワードがニュースで取り上げられた。なにげなくTVをつけると、少女アイドル二人がホログラム映像のように宙に出現している。さらに「これから渋谷へ行ってみます」という発言で、二人の背景は突然切り替わり、渋谷のどこかのホールにそのまま出演しているようにしか見えなくなった。

もちろんアイドルが実体で、後ろがクロマキーというのではない。アイドルも実体ではなく、後ろも実写ではない。そしてわれわれはこれ全体を一つの空間で共有している。これはいったたいどのような「現実」なのか。従来のVR（ヴァーチャル・リアリティ＝仮想現実）やAR（拡張現実あるいは添加現実）とはどこが違うのだろうか。

かんたんに整理してみよう。以下は二〇一七年のウェブニュース[*1]の記事である。

MRは英語のミックスド・リアリティ＝複合現実の略語で、現実世界と仮想世界を融合させた映像を作り出す技術です。SF映画に登場するホログラムのような3D映像が特徴です。今から四〇年前、映画「スターウォーズ」の1作目でドロイドのキャラクター、R2―D2がヒロインのレイア姫の立体的な映像を映し出した映像として一躍有名になるなど、映画のワンシーンが記憶に残る方も多いかもしれません。

MRは、現実の風景にコンピューターによる3Dの映像を重ねて表示する最先端の技術で、SF映画のような映像を作り出すことができます。ゴーグル型の機器を装着すると、周囲の現実の風景にコンピューター映像が重なって表示されます。さらに、ゴーグルには手の動きを感知するセンサーが搭載され、手ぶりによって、さまざまな操作もできるのが特徴です。

VRは、去年、ソニーが家庭用ゲーム機の機器として発売しました。映像は、コンピューターが作り出したものが基本で、ゴーグル型の端末を装着すると周囲にある現実の風景からは遮断されます。

ARは、現実の風景にコンピューターによる画像を重ね合わせる特徴ではMRと同じですが、CG映像を手ぶりで操作することはできません。ARの技術は、去年、世界的なヒットとなったゲームアプリ、ポケモンGOで一躍、注目されました。

このVRとARのそれぞれの技術を発展させたものがMRなのです。

（NHKウェブニュース）5月2日13時05分

以上である。噛み砕いて言えば、VR（ここでは工学的に厳密に使われているが）は、いながらにして自分ひとりの別世界に入り込む感覚であり、ARはゲーム「ポケモン」のように、現実の上に仮想を重ね合わせるものである。しかしMRは重ね合わせるだけではなく、CGなどで作られた人工的な仮想世界に現実世界の情報を取り込み、現実世界と仮想世界を融合させ、仮想世界のモノと現実世界のモノが相互に影響しあう状態だ。合成現実とも言うべきか、まったくこの「揺さぶり」には頭を抱える。

VRが、完全な疑似的別世界を創るトールキンの『指輪物語』的、あるいは閉ざされた楽園のディズニーランド的であったとするなら、ARは、「現実」に魔法世界が添加される「ハリー・ポッター」シリーズ的であり、さらに後者をゲームのようにみずから体験できれば、それがキメラ的「新現実」すなわちMRとなるのであろうか。

いずれにせよ、「現実」ははてしなく「進化」し「変容」しており、ファンタジー文学の定義を考えるうえで、どうにも困ったことになりつつある。なぜなら、私は以前、カイヨワ、トドロフ、ラブキンらが連なる幻想文学の歴史を概観して述べたことがあり、それらをまとめたローズマリー・ジャクソンの、ファンタジーとは「現実にプライオリティを与えないすべての文学である」（『ファンタジー：転覆の文学』一九八一）とした言葉を、このジャンルのひとつの結論だと考えていたからである（「ファンタジー」の項目『英米文化55のキーワード』所収　白井澄子・笹田裕子編著、ミネルヴァ書房、二〇一三）。

また、トールキンが創始した大冊の別世界物語のほうを、現代ファンタジーの主流ととらえるブライアン・アトベリーも「著者自身が自然法則だと信じているものに対する侵犯が、著者の創造世界の重要な一部となっているナラティブがファンタジーである」（『アメリカ文学におけるファンタジーの伝統』未訳、一九八〇）と述べており、いずれにせよ現実を基準としたうえで、その現実にはありえないもの、現実を侵犯するものとして、ファンタジーの力と意義は認知されてきたのである。

とすれば、「現実」（とわれわれが信じるもの）の変化によって、それに亀裂を入れるはずのファンタジーも輪郭を失い、変貌してゆくのも当然だ。

VRからAR、そしてMRへ。どのような荒唐無稽も紙上にあるのみならず、身体で実感できる「立体的現実」に転換できるとしたら、だれがそれを、ありえない「ファンタジー」ならではの驚異だというだろう。それはすでにMRという可能現実の一部なのだ。

この可能現実に、真っ向から対峙するものとしての、さらなる「反現実」はありうるのだろうか。

もちろん都市環境を離れたところに、恒久的な「素の自然」があるはずだ、と考えることもできるかもしれない。携帯の電波もあまり届かない山間の村ではどうか。

そこには松籟の音が響き、朝な夕なに鳥が舞い、小動物の気配がある。風雨を含めて自然の営みが人間を包みこみ、慰撫し、あるいは圧迫する。しかし、この現代において、そうした「素の現実」すなわち自然は、（トールキンが言うように、工場が立ち並び、列車が煙を吐いて走りまわる都会の外側に）不朽不滅のものとして存在しうるのだろうか。

現代では自然環境にもテクノロジーの手が入り、改造、調整されつつあることも当然であり、どんな過疎の村であっても、TVから流れ出す情報は、生活をメディア提供の世界観で囲いこみ、ネットの検索によって立ちあらわれる世界は、巨大なデータベースの集積として無数の指針を提示する。日日の暮らしの中では触れ得ない地球の裏側の事件や、新たな流行や思想の断片に、「現実」は情報感染を起こし、ゲームや映画を体験するまでもなく、つねに微妙なAR状態にあるのではないだろうか。

このキメラ的な現実（reality）は、従来のような明確な形を持ってはいない。形がないとすれば、その現実に拮抗する仮想現実を立ち上げるために必要だ、とトールキンが説いた「内的な一貫性」（inner consistency of reality）も、いったいどこに求められるのか？　現実と似た整合性をもつ第二世界を念頭において、トールキンがそう言っていたとすれば、現実がすでに魔術的な多声の世界となりつつある現代では……

ここ三年の間に、私は某社の「ファンタジィ新人賞」の選考委員を二回つとめた。長編を対象にした賞である。四〇〇枚から八〇〇枚の作品で最終選考に残ったものを、三人の委員がそれぞれ七、八作ずつ読む。児童文学に特化した賞ではないが、主人公に設定されるのは少年、少女が多く、奇妙な設定や風習を持つ世界の中で、存在を認められ、自分の居場所をかちとってゆく成長ストーリーが大方である。ゲームやライトノベルの影響ははっきり見てとれる。

しかし別世界を創り上げることが、いかに相当の力業と困難を伴うかということもよくわかった。たとえば、主人公に癒しの力が備わっている、動物の言葉がわかる、特別な資質があって死者に乗り移られる、呪いによって成長しないなど、それぞれピンポイントとして面白い設定はあるのだが、それらの枝葉を支える世界全体の仕組み、風土の匂い、人々の意識、行為、感情などが、ともすれば現実のなぞり（吟味されない常識と既視感）にはまりこんでしまうのである。それは読者がついてゆきやすい「内的な一貫性」であるかもしれないのだが、それでは、「亜現実」以上の何が達成されるのか。

そんななかで、二回目の二〇一六年は大賞作に、『宝石鳥』（鴇澤亜妃子、加筆ののち、東京創元社より二〇一七年八月に刊行された）を選ぶことができた。選考委員三人の一致した見解は、「話がどうなっているのか、よくわからない」が、「すごい」。

神界に通じる架空の島にまつわる伝説があり、その島では代代の巫女（ジェオウド）が選ばれ、それぞれ前の巫女の魂を受け継いでゆく。しばしば双子で生まれる巫女と、それを選ぶ審神者のような役割の家系、かつて身を二つに分けて島を出て結婚した巫女、彼女の肖像を描く依頼を受けた画家、島出身の舞踊家であった妻の事故死ののち、その左手の骨を島の大祭に納めにくる音楽家。さまざまなプロットが絡み合い、その中に失われた「巫女」いわば「宝石島」のイメージがたちあらわれてくる。中でも私がもっとも感銘を受けたエピソードは、謎の女性（昔の巫女）の肖像を描いた画家の体験である。

その女性は、しばしば体の一部が別世界に呑み込まれるように、空気の中に薄れて消えてしまう。その顕現と消失の両方を目撃する画家は、「今この瞬間に彼女がそこに存在している、ただそれだけのことがたとえようもなく神聖な奇跡であるかのように感じさせるなにか」を感得し、稀代の名画を生み出す。これは単なる奇妙な一挿話ではない。「存在」とは何か、を現実と神話の濃密にまじりあう空間の中でつかみとる芸術家の魂が裸にされていて、読者はいきなり目が覚めたような、あるいは夢の感覚を思い出したような心持ちになる。これはいわば秘儀であり、日常の現実ではないレベルでの、魂の生態の「一貫性」を持っている。

この万華鏡的作品の中に入りこむと、霧にまかれたように方向を見失い、説明の言葉で輪郭を描き出すことができなくなるが、それこそが「異世界」の空気感であったりする。つまり、内容ではなく書法そのものも第二世界的であると言え、現実に準拠した時間系列や空間の腑分けの中にはおさまらない（三度読んでも、あちこちよくわからなかった）こうした作品こそが、実は「最終ファンタジー」なのではないかと、その時思ったのである。

そしてこれはいわゆる「マジックリアリズム」とも違うのだ。

冒頭のＭＲにからめて言うならば、ＭＲ的な自在なありかたの中に、それ固有の「一貫性」

を発見した作品。「現実」をまねびつつ、「現実」に対峙し、相対化し、「現実」を批評するのではなく、新しい「現実」に化身して、その内的真実をあらわにしてみせるファンタジー。もはや「現実にプライオリティを与えない」作品どころではない。

ファンタジー（の定義）はどこへゆくのか。ＭＲの出現とともに、何か大きな曲がり角が見えてきているような気がする。

＊1　ＮＨＫ　ＮＥＷＳ　ＷＥＢ「ビジネス特集　今注目されるＭＲ＝複合現実って何？」（経済部野上大輔記者）より一部要約

https://www3.nhk.or.jp/news/business_tokushu/2017_0502.html

二〇一七年五月二日一三時五分閲覧

補章　〈型《フォルム》〉の挑戦　そして芝居の〈内〉と〈外〉

――時は元禄、江戸の御代、未確認飛行物体ゆーえふおー（義太夫詞章）

『地球投五郎宇宙荒事』通称「六本木歌舞伎」（二〇一五・二・三・一八）。宮藤官九郎脚本、三池崇史演出が話題になった、海老蔵、獅童主演作です。私はこれを三回観にゆきました。なぜ、いったい、どこに、つかまれてしまったのかを、少し書きたいと思います。

幕が開くと、「スター・ウォーズ」をベースに完全懲悪の芝居を作ろう、と話し合っている歌舞伎俳優、海老蔵と獅童の楽屋です。

言ってみれば、この作品はふたりの実人生を「枠」とする枠物語なのですが、劇中劇のはずのSFのストーリーは、いつのまにか初代團十郎の「竹抜き五郎」（『押戻し』）という荒事の縁起（史実＝海老蔵の祖先）につながってゆきます。そうして、全体がクラインの壷のごとく、内側の劇中劇が外側にまくれあがり、包みこみ、時空を超越したカブキ讃歌で終わることになります。

様相としての現代劇と歌舞伎のブレンドは、これまでも「コクーン歌舞伎」などで試みられてきたものの、今回目をひくのは、これが、単に身のこなしのような歌舞伎的「所作」にとどまらず、「荒事」という、歌舞伎のデフォルメの枠、儀礼的様の極北と結ばれていることです。

そのため、「スター・ウォーズ」を歌舞伎風俗に置き直す、という〈ずらし〉の試みは、荒事という〈型〉、すなわち意味を越えた不条理な何ものか、に対する批評、突っ込み、見直しに直結してゆきます。

現代人にとって、もっともカブキらしいカブキとは、突拍子もないメイクとかつら、巨大で派手な衣装で、〈にらみ〉を見せ、意味不明の言葉を叫びながら、六方で引っ込む「荒事」でしょう。

この約束事に塗り固められた「カブキなるもの」の枠をどう洗い直して見せるのか。これが面白さの枢軸になっています。

たとえば……

将軍綱吉の時代、浅草寺の境内。

駄足米太夫（ダース・ベイダー）の乗った、ちょうちん型UFOが下りてくるのを見て、町人たちは大騒ぎです。しかし、将軍からの密命を受けている和尚は、この地球外生命体の侵略という大事件を、「芝居」として言いまぎらわすことに。

「芝居」の悪役と名指しされた、獅童演じる駄足米太夫（公家悪の隈に束帯姿・三味線がかなでるダース・ベイダーのテーマを背に登場）に対抗するべく呼ばれたのは、江戸の人気役者團十郎ならぬ團九郎（海老蔵）。

米太夫が、美形のおいらんをさらってゆこうとするところに、

「しーばーらーく」と声がかかり、

劇中劇の中の劇中劇「暫」が始まります。

米太夫の手下たちは、顔を緑にぬりたくった「腹出し」の扮装です。彼らは「しーばーらーく」を、映画「未知との遭遇」で宇宙船が発する、あのピースフルな五音にのせてリピートします。

しずしずと「暫」のフル装備をまとって、花道をのぼってくる團九郎。そして「暫」のお約束事が。

「憧れ親しんだ木挽町、歌舞伎座を飛びだして、ここは港区六本木。夜でもヒルズのお膝元、イーエックスシアターに歌舞伎の初見参……一見さんでもご贔屓筋でも……フリーター、黒服、

ホスト、バックパッカー、猿でもわかる荒事芝居」成田屋宗家のオーラほとばしる壮大なツラネです。

このあたりで私の頭は快感に爆発しそうになっています。歌人は定型に弱いうえ、SFや風俗の茶々を入れられても、古典歌舞伎の枠は堅牢すぎて崩れません。かえってそれを丸呑みにして、ますます肥え太るガルガンチュワのようです。

この様式に、外から突っ込みを入れられるのは、宇宙人、駄足米太夫しかいないはず……。

「ツラネ」が再開されそうになったところで、彼は
「それはさっききいた。長かった。ストレスだった」と、さえぎります。

しかし、そんな現代語の台詞でさえ、しゃべっているのは歌舞伎役者の獅童であり、発声も所作も歌舞伎なのです。

現代劇の俳優がこの〈枠の外なる他者〉の役割をしたのであれば、部外者が、硬直した伝統に突っ込みを入れるという単純なお笑いですんでしまったことでしょう。多くのコントがそうであるような、他者性の獲得として。

しかし、歌舞伎のエロキューションでこう発言されると。

歌舞伎おそるべし。

その「突っ込み」すらもカブキの一部に組み込まれます。大仰で無意味な長台詞を批判する

内容なのに、それすらカブキなるものの様式にからめとられて、したがって〈外〉へ出ることはないのです。カブキ宇宙の中に、それへの批判すらもあっけなく呑み込まれてゆく快感。

さらに、「暫」を演じ、元禄見得を切る海老蔵の目力に、

「おまえはほーす（フォース＝理力）を使うのか？」と米大夫は尋ね、演じる役柄ではなく、役者本人こそが無双のヒーローであることがほのめかされます。

二幕ではいよいよ、團九郎の〈にらみ〉が理力（ほーす）のもとであることが明らかに。長老、与駄（ヨーダ）があらわれ、それこそ「ほーす」だと説得すると、

「そういえば、おれは〈にらみ〉であかない鍋の蓋を開けたことがある。携帯のロックも解除したことがある……」

「ほーす」それはすなわち、もろもろの万物に宿る霊力の源であり……

歌舞伎役者、團九郎は〈ほーす〉の使い手、すなわち地球人ならぬ、緑の血を持つエイリアンであり、赤子のときにさらわれた将軍の子、米太夫と取り替えられ、置き去りにされたのです。

米太夫は〈ほーす〉を使えぬおのれのトラウマから、「銀河の覇者」となり、地球に復讐するためにやってきたのですが、先日さらっていったおいらんは実は将軍の姫。

将軍と与駄は、〈ほーす〉の使い手たる團九郎に、姫を助け出してくれるよう懇願します。

いやだ、関係ない、おれは役者だ、と断る團九郎に、与駄は

「おまえのご贔屓筋はどう思う？　世間は、おまえを腰抜けのもやし野郎だとけなすであろう」。

團九郎は痛いところを突かれ、

「おのれ、世間め。さげすむやつは容赦しねぇ。このおれはほめられてのびる男なんだぁ」

と六方を踏みながら上手へ去ってゆきます。

演劇ではなく、演劇以上に演劇なるものの真髄たる役者にとっては実は、ご贔屓＝観客・世間こそが、唯一の他者であり外部。このあたりで〈外〉の意味づけが、じわじわと変わりはじめています。

続く宇宙船の場面の無重力空間では、宇宙遊泳にこと寄せた「だんまり」が展開、そこへ投入された團九郎と米太夫の戦い。

叫ぶ團九郎。

「だれか、江戸一の絵師をつれてこい。三百年先までおれの活躍を残すんだ」

こうして〈枠〉の外とは、作り事であるカブキ様式の外にある、リアルな演劇ではなく、さらにその外にある現実という〈外〉へ、すなわち物語を語りつぐ人々へと転位してゆきます。

しかも、それは團九郎にとっては「本日、ここにいる客」でもあるのです。私たちは、英雄に必要とされる〈枠〉そのものとなります。

高温の無人惑星に飛ばされた團九郎は、そこが本来のおのれの故郷であることを知らされます。見上げるように巨大な竹が一本だけ生えています。

おれはどうすればいいんだ。

何万光年はなれても
思い出すのは芝居のせりふ
身にしみこんだ所作のかずかず
浮かんでくるのは、ご贔屓すじの、顔、顔、顔……

エイリアンでも人間でも、カブキものは、カブキもの！

腹をくくった團九郎は〈ほーす〉を用いて巨大化し、竹をひっこぬいて抱え、荒事の『押戻し』そのもの（変身した團十一郎＝初代團十郎を暗示）となって、同じく「とらんすふぉーむ」して巨大なベーダ・ガンダム化した米太夫と戦います。

そうして最後に放たれる隕石をかわすために、地球をじりじりと持ち上げ、投げてしまう……

あたかも映画のスーパーマン（一九七八）が地球を回転させて、時間を戻したあのシーンを彷彿とさせるかのように。

それが特撮ではなく、荒事ならではの超人力をこめる様式でもって、肉体であらわされ――さらに金銀の紙が細かく噴出して流星雨のごとく舞い散ると、もう楽日は涙が出てしまいます。

ストーリーの骨子としては、地球侵略者（悪役）を、ヒーロー（立役）が身を挺して撃退したとも言えるのですが、このヒーローは「俳優」、すなわち世界を枠に入れ、この世を劇場化してみせる者。しかも今回は、それが神事につながる荒事役者です。すなわち彼は、神をわが身におろし、荒唐無稽な様式によって、観客を超越的世界に引き上げてゆくことで、團九郎にとっての〈外＝現実〉であるはずの宇宙神話「スターウォーズ」の世界観と逆に共振させてくれたのでした。

ひとつ、見落としたくないことがあります。

それは本作が、

「外部からの侵略（日常からの突っ込み）に対して、迎え撃つ堅固なカブキ（伝統的な型・様式）」

の単純な二極の構図ではないということです。

さきほどの「エイリアンでも人間でも、カブキものはカブキもの」というセリフは、近年新たな試みを打ち出し続ける海老蔵の志そのもののように思えます。

すなわちカブキくために必要な〈型〉とは、現実から身を守るためのものというより、現実を押し返し、突っ張り、攻め入るためのものでもある、ということ。

あたかも無重力空間のようにあいまいな現実に生きるわれわれに対し、「カブキもの」という永遠の逸脱者、つねに異様な習俗で切り込み、挑発しつづけるものこそが、つねに勝つのです。さらに堅牢な〈型〉をまといながらも、それを（例えばSF物語を入れることによって）内側から食い破ろうとするしたたかなカブキもの。しかし、そのひねくれこそが、この「型」が内包する可能性をさらに強靭にする。

加えて本作では、おちゃらけた流行語の数々を、大真面目に鳴りひびく義太夫、長唄、津軽三味線が手の内に収め、咀嚼して、〈型〉世界の無敵を謳歌したのでした。

見る前は、ＳＦと歌舞伎と日常が互いを侵犯しあう異化作用を楽しむ演劇のつもりだったのですが、〈型〉をもたぬものは、すべて〈型〉にすべて呑みこまれてしまうという、容赦ない戦果を突き付けられ、結果、荒事の総本山、海老蔵が背負う〈カブキ的なるもの〉が燦然と光り輝いて終わった、そんな体験でした。

「定型詩」という魔あるいは神。

それもまた意味や理由をつねに超えてゆく〈型〉。そのしたたかさ、強靱さは歌人はもっと信頼していい。そんな励ましにも思えたのです。

おわりに

この一冊をまとめているあいだに、すっかり若葉の季節になってしまった。

残念ながら見落とした映画も多々あるが、ファンタジーの総本山「歌舞伎」は毎月観る。スーパー歌舞伎は「ヤマトタケル」から全作観ているが、コミックを換骨奪胎した『ワンピース』『NARUTO』、そして（今年は三作目が上演されている）市川海老蔵主演の「六本木歌舞伎」からも目が離せない。

本書には二つ、ファンタジー・プロパーではない章が入っている。ひとつは九章であり、もうひとつは補章である。

どちらも「型」「様式」を、ファンタジーの重要なツールとして再評価しようとしたもので、九章は歌人としての自分の視点から眺めた「短歌」の現在を、補章は、スターウォーズを歌舞伎に焼き直した「六本木歌舞伎『地球投五郎宇宙荒事』」が、型の圧倒的なパワーで物語をねじ伏せ、内容をもはや完全にふみにじって魔術的世界を現出させた、その感動を書いたものである。

もともと「神話」や「昔話」を、物語の「鋳型」として踏襲してきたのがファンタジーである。それらは本来口承文芸であり、語りによって伝えられるものであった。その「語り」「異言」のもたらす力もまた、映像とは別に、ファンタジーの力の源泉であったはず。物語の「外」と「内」――それを語る者はどこにいるのか?

今後はそうした観点からも、ファンタジーを探ってゆきたいと思う。

なお本書をまとめるにあたり、青土社の瑞田卓翔さんの丁寧な仕事に大変お世話になった。この場を借りてあつく御礼申し上げたいと思う。

初出一覧（本書収録にあたり、適宜加筆修正を施した）

Ⅰ　ファンタジーからネオ・ファンタジーへ

第1章　対・現実から脱・現実へ――ネオ・ファンタジーの流れ（『ソフィア』、二〇一一年秋季号）

第2章　二重性の文学としてのファンタジー――『ナルニア』から『指輪物語』そして映像の時代へ（『言語』大修館書店、二〇〇六年六月号）

第3章　ファンタジーとはなにか――遠近法の文学（『文学』岩波書店、二〇〇六年七・八月号）

Ⅱ　海外の作家たち

第4章　「虚構の可視化」へ舵を切った児童文学ファンタジー――絵にならないものは書かない（『ユリイカ』二〇一五年十二月号）

第5章　元型とミセス・ブラウン――あるいはアニメ映画というファンタジー（『ユリイカ』二〇〇六年八月号）

第6章　「モノ」語りの宇宙――そしてハグリッドはどこにいるのか？（『ユリイカ』二〇一六年十二月号）

Ⅲ　国内の作家たち

第7章　気配と密度のファンタジー――うしろの正面だあれ（『ユリイカ』二〇一三年四月号）

第8章　少女と怪異と一人称――「語り」の怪異譚（『小野不由美ゴーストハント読本』メディアファクトリー、二〇一三年七月）

第9章　マルシェとしての『かばん』から――遊びをせんとや、多言語文化と多声のカーニヴァル、そして穂村弘（『ユリイ

カ』二〇一六年八月号）

Ⅳ　いま、ここのファンタジー

第10章　「つくも神」――妖精・妖怪が環境知能として復活する（『環境人文学の地平』アウリオン叢書17、弘学社、二〇一七年三月）

第11章　映画ならではの〝現実創出〟の試み――映画『ＢＦＪ』はダールの語り口を超えて（『キネマ旬報』二〇一六年九月下旬号）

第12章　開花するファンタジー――ファンタジーな世界の日々（『開花宣言』三―七号、九号）

補　章　〈型《フォルム》〉の挑戦　そして芝居の〈内〉と〈外〉――時は元禄、江戸の御代、未確認飛行物体ゆーえふおー（義太夫詞章）（『北冬』二〇一五年六月号）

虚構の自立としてのネオ・ファンタジー年表（主に1980年代後半から著者の注目した作品）

年月	文芸作品	映像作品
1950		『ハーヴェイ』当人にしか見えない守護ウサギ
1952	M・ノートン『床下の小人たち』	
1954	L・ボストン『グリーンノウの子供たち』	
	P・ギャリコ『七つの人形の恋物語』	ミュージカル『リリー』（左が原作）
1954-5	**J・R・R・トールキン『指輪物語』** キーワード　第二世界　準創造	
1950-6	**C・S・ルイス『ナルニア国ものがたり』**	
1958	P・ピアス『トムは真夜中の庭で』	
	K・ストー『マリアンヌの夢』	
1960	A・ガーナー『ブリジンガメンの魔法の宝石』4部作の1	
1961	M・ムアコック「夢見る都」　多元宇宙 multiverse の創造	
1964-8	R・アリグザンダー『プリデイン物語』	『メリー・ポピンズ』映画化
1965-77	S・クーパー『闇の戦いシリーズ』（「光の六つのしるし」含む）このころは土俗ファンタジー主流（土地の伝説に依拠）	
	A・ガーナー『エリダー』	
1966	R・ゴッデン『台所のマリアさま』	「バットマン」TVシリーズの映画化
1967	E・L・カニグスバーグ『クローディアのひみつ』『魔女ジェニファとわたし』	

年月	文芸作品	映像作品
	J・G・ロビンソン『思い出のマーニー』	
1968	U・K・ル＝グウィン『ゲド戦記』5部作の1	
1971	W・メイン『闇の戦い』	
1972	P・ファーマー『骨の城』	
	R・アダムズ『ウォーターシップダウンのうさぎたち』　このころから動物ハイファンタジー	
1973	R・ホーバン『ボアズ・ヤキンのライオン』	
	P・ライトソン『星に叫ぶ岩ナルガン』	
1975	M・シュトルツ『鏡のなかのねこ』	
1976		**VHS 開発される（録画時代へ）**
1977		『スターウォーズ』（エピソード4）
1978		『スーパーマン1』『未知との遭遇』
1979	**M・エンデ『はてしない物語』** 外界と内界の照応	
1980	L・R・バンクス『リトルベアーの冒険』	『スターウォーズ』（エピソード5）
1981	R・ウェストール『かかし』	『スーパーマン2』
1982	M・マーヒー『足音がやってくる』	『コナン・ザ・グレート』
	D・W・ジョーンズ『魔法使いはだれだ』　十二のパラレルワールド	
1983		**東京ディズニーランド開園** ヴァーチャルリアリティの日常化・常駐化
		『スーパーマン3』『スターウォーズ6』
1984		『ネバーエンディングストーリー』 『キング　オブ・デストロイヤー』
1986	M・マーヒー『クリスマスの魔術師』	

年月	文芸作品	映像作品
	D・W・ジョーンズ『魔法使いハウルと火の悪魔』	
	E・L・カニグスバーグ『エリコの丘から』	
1987	K・ピアソン『床下の古い時計』	『スーパーマン4』
1989		『バットマン』(ティム・バートン監督)
1990		『シザーハンズ』
1991	M・マーヒー『危険な空間』　二次元と三次元について	
	D・ヘンドリー『屋根裏部屋のエンジェルさん』	
1992	M・マーヒー『地下脈系』	『バットマン・リターンズ』
	小野不由美『十二国記』シリーズ開幕　ゲーム設定ファンタジー＋アジアン・テイスト	
	J・レッドフィールド『聖なる予言』ベストセラーに	
1993	O・R・メリング『妖精王の月』シリーズ開幕	『ナイトメア・ビフォア・クリスマス』
		『新スーパーマン』TVシリーズ
1995	M・マーヒー『ヒーローのふたつの世界』	『リトルヒーロー』 『バットマンフォーエヴァー』
	R・イーザウ『ネシャン・サーガ』→1996完結　別のパラレルワールドでは分身が死ぬ	『攻殻機動隊』
	G・ニクス『サブリエル』(『ライラエル』2004『アブホーセン』2004) 死後譚ファンタジー	
1996	P・プルマン『ライラの冒険』全3巻『黄金の羅針盤』1996『神秘の短剣』1997『琥珀の望遠鏡』2000	『スーパーマン』TVアニメ化 →2000
	K・ピアソン『丘の家、夢の家族』カプグラ症候群	
	N・ゲーマン『ネヴァーウェア』地下のもう一つの、パラレルワールドのロンドン	

年月	文芸作品	映像作品
1997	**J・K・ローリング『ハリー・ポッターと賢者の石』**	『ボロワーズ』(『床下の小人たち』) 『バットマン & ロビン』『スターウォーズ特別編』
	北村薫『スキップ』(『ターン』1999『リセット』2001)	
1999	ダレン・シャン『ダレン・シャン』シリーズ開幕→2005 完結	『マトリックス』『スターウォーズ ファントム・メナス』
	R・イーザウ『暁の円卓』全9巻(裏・二十世紀史)	
	M・マーヒー『悪者は夜やってくる』書いたことが実現	
2000	G・K・レヴィン『さよなら、「いい子」の魔法』間テクスト性	『ハリー・ポッターと賢者の石』
	V・ハンリー『水晶玉と伝説の剣』(続編『ヒーラーズ・キープ』)	
	C・マクニッシュ『レイチェルと滅びの呪文』3部作の1 →2003 完結	
	恩田陸『ライオンハート』輪廻転生	
2001	S・クーパー『影の王』タイムスリップ物+演劇	『ネコのミヌース』 『ヤング・スーパーマン』 『ロード・オブ・ザ・リング』(『指輪物語』)→2003 『千と千尋の神隠し』『陰陽師』
	C・フンケ『どろぼうの神さま』ヴェネツィア	
	K・マイヤー『鏡のなかの迷宮』三部作→2002 完結	
	G・マコックラン『不思議を売る男』物語化される人生	
	O・コルファー『アルテミス・ファウル』現在4巻まで 妖精+テクノロジー パロディ	
	畠中恵『しゃばけ』シリーズ開始 宮部みゆき『ドリームバスター』シリーズ開始	
2002	M・ホフマン『ストラヴァガンザ 仮面の都』全3巻『星の都』2004『花の都』2005 死後のパラレルワールド	『ハリー・ポッターと秘密の部屋』 『スターウォーズ クローンの攻撃』 『十二国記』
	R・イーザウ『パーラ』(言葉の力)	

年月	文芸作品	映像作品
	C・パーカー『アバラット』続巻あり	
2003	J・ストラウド『バーティミアス』三部作 R・イーザウ『盗まれた記憶の博物館』 C・パオリーニ『エラゴン』ドラゴンライダーもの J・ハーン『チェンジリング・チャイルド』裏の地下ロンドンもの 宮部みゆき『ブレイブ・ストーリー』ゲーム世界との往還 香月日輪『妖怪アパートの幽雅な日常』シリーズ開始	『フォーチュンクッキー』 『マトリックス・リローデッド』 『マトリックス・レボリューションズ』 『ハリー・ポッターとアズカバンの囚人』
2004		『イノセンス』『デビルマン』『ハウルの動く城』
2005	C・パオリーニ『エルデスト』 D・W・ジョーンズ『魔法の館にやとわれて』 恩田陸『ネクロポリス』死後譚 R・リオーダン『パーシー・ジャクソンとオリュンポスの神々』	『チャーリーとチョコレート工場』『ゲド戦記』『バットマン・ビギンズ』『ナルニア国物語第一章』『ハリー・ポッターと炎のゴブレット』『ブラザーズグリム』『スターウォーズシスの復讐』『姑獲鳥の夏』
2006	M・マーヒー『ポータブル・ゴースト』このころから幽霊との共存もの多し 万城目学『鴨川ホルモー』2009映画化	『スーパーマンリターンズ』『ブレイブ・ストーリー』『エラゴン』『ナイトミュージアム』
2007	J・K・ローリング『ハリー・ポッターと死の秘宝』 万城目学『鹿男あをによし』(2008TVドラマ化)	『どろろ』『ハリー・ポッターと不死鳥の騎士団』『黄金の羅針盤』『光の六つのしるし』『ゲゲゲの鬼太郎』『蟲師』
2008	中村弦『天使の歩廊』	『バットマン・ザ・ダークナイト』『ナルニア国物語第二章』『崖の上のポニョ』『しゃばけ』(TVシリーズ)

年月	文芸作品	映像作品
2009	C・パオリーニ『ブリジンガー』	『ハリー・ポッターと謎のプリンス』『ナイトミュージアム2』『プリンセスと魔法のキス』『サマーウォーズ』『鴨川ホルモー』
	宮部みゆき『英雄の書』万城目学『プリンセス・トヨトミ』（2011映画化）	
2010	イサボー・S・ウィルス『2番目のフローラ』	『ダレン・シャン』『パーシー・ジャクソンとオリンポスの神々』『アリス・イン・ワンダーランド』『借りぐらしのアリエッティ』『ハリー・ポッターと死の秘宝・前編』『塔の上のラプンツェル』『ナルニア国物語第三章・アスラン王と魔法の島々』『インセプション』『ガリバー旅行記』
2011	恩田陸『夢違』乾緑郎『完全なる首長竜の日』	『ハリー・ポッターと死の秘宝・後編』『第九軍団のワシ』『タンタンの冒険』『ジョン・カーター』『プリンセス・トヨトミ』
	万城目学『偉大なる、しゅららぼん』（2014映画化）	
2012		『テルマエ・ロマエ』『ホビット　思いがけない冒険』
2013	ジョナサン・ストラウド『ロックウッド除霊探偵局』シリーズ開幕	『オズ　はじまりの戦い』『ジャックと天空の巨人』『かぐや姫の物語』『パーシー・ジャクソンとオリンポスの神々　魔の海』『ホビット2』
2014		『偉大なる、しゅららぼん』（万城目学）『テルマエ・ロマエ2』『思い出のマーニー』『ホビット3』『アナと雪の女王』『イントゥ・ザ・ウッズ』
		〈ウィザーディング・ワールド・オブ・ハリー・ポッター〉USJ　開場
2015		「地球投五郎宇宙荒事」（六本木歌舞伎＝スターウォーズ、海老蔵、獅童）
		「あらしのよるに」京都南座　きむらゆういち作の絵本を歌舞伎化　中村獅童、尾上松也

年月	文芸作品	映像作品
		「ワンピース歌舞伎」（尾田栄一郎＋猿之助スーパー歌舞伎　10月）　東京ワンピースタワー開園　映像（二次元含め）から舞台へ　　2.5次元
2016		超歌舞伎「今昔饗宴千本桜（はなくらべせんぼんざくら）」幕張メッセ　初音ミクと中村獅童のコラボ作品　ニコニコ超会議
		原作もの『クマのパディントン』『ジャングル・ブック』『BFJ』（CG実写化）『ズートピア』『PET』（アニメ）『ファンタスティック・ビーストと魔法使いの旅』『ミス・ペレグリンと奇妙なこどもたち』（ランサム・リグス『ハヤブサの守る家』）J・K・ローリング『ハリー・ポッターと呪いの子』（戯曲）
2017		超歌舞伎「花掛詞合鏡（くるわことばあわせかがみ）」
		『攻殻機動隊・実写（ゴースト・イン・ザ・シェル）・アメリカ』
2018		『ピーターラビット』『プーと大人になった僕』『ファンタスティック・ビーストと黒い魔法使いの誕生』『ルイスと不思議の時計』（ジョン・ベレアーズ『壁の中の時計』）
		超歌舞伎「積思花顔競（つもるおもいはなのかおみせ）」 『NARUTO』

（映像作品欄には舞台作品も含む）

第一期　別世界への信頼・自立（トールキン以降）ゲームへ現実とは別の非日常・往還虚構の自立

第二期　別世界の現実への織りこみ（エンデ以降）現実の鏡・無意識映像虚構の可視化

第三期　別世界とこの世界の併存・融合・ボーダーレスへ（ローリング以降／ネオ・ファンタジー）現実と別世界をあわせて、ひとつの世界テーマパーク的社会虚構の環境化

著者　井辻朱美（いつじ・あけみ）
1955年生まれ。歌人・作家・翻訳家。東京大学理学部生物学科卒・同大学院総合文化系研究科比較文学比較文化専攻修了。現在、白百合女子大学人間総合学部児童文化学科教授。主な著書に『水晶散歩』（歌集、沖積舎）、『クラウド』（歌集、北冬舎）、『風街物語・完全版』（小説、アトリエOTCA）、『ファンタジーの魔法空間』（岩波書店）、『魔法のほうき　ファンタジーの癒し』（廣済堂出版）、『ファンタジー万華鏡』（研究社）など。訳書にマイクル・ムアコック『エルリック・サーガ』シリーズ（早川書房）、O・R・メリング『歌う石』（講談社）など多数。

ファンタジーを読む

『指輪物語』、『ハリー・ポッター』、そしてネオ・ファンタジーへ

2019年5月 8 日　第1刷印刷
2019年5月15日　第1刷発行

著者――井辻朱美

発行人――清水一人
発行所――青土社
〒101-0056　東京都千代田区神田神保町1-29　市瀬ビル
［電話］03-3291-9831（編集）　03-3294-7829（営業）
［振替］00190-7-192955

印刷・製本――ディグ

装幀――細野綾子

ISBN 978-4-7917-7164-6　C0095